U0909960

中华英烈事迹读本

第三卷

《中华英烈事迹读本》编写组◎编

新华出版社

图书在版编目（CIP）数据

中华英烈事迹读本. 第三卷 / 《中华英烈事迹读本》编写组编.
-- 北京 : 新华出版社, 2019.12
ISBN 978-7-5166-5005-9

Ⅰ. ①中… Ⅱ. ①中… Ⅲ. ①革命烈士 - 生平事迹 - 中国
Ⅳ. ①K827=6

中国版本图书馆CIP数据核字(2019)第276413号

中华英烈事迹读本：第三卷

编　　写：《中华英烈事迹读本》编写组

选题策划：许　新　　**封面设计：**刘宝龙
责任编辑：沈文娟　祝玉婷

出版发行：新华出版社
地　　址：北京石景山区京原路8号　　**邮　　编：**100040
网　　址：http://www.xinhuapub.com
经　　销：新华书店、新华出版社天猫旗舰店、京东旗舰店及各大网店
购书热线：010 - 63077122　　**中国新闻书店购书热线：**010 - 63072012

照　　排：六合方圆
印　　刷：三河市君旺印务有限公司

成品尺寸：170mm × 240mm
印　　张：19.5　　**字　　数：**260千字
版　　次：2020年6月第一版　　**印　　次：**2020年6月第一次印刷

书　　号：ISBN 978-7-5166-5005-9
定　　价：54.00元

《中华英烈事迹读本》编写组

主　编： 蔡名照

副主编： 赵　承　梁相斌　霍小光

编　委： 王　薇　初　杭　施永南　冷彦彦
朱基钗　白　阳　罗争光　王　琦
林　晖　梅世雄

出版说明

习近平总书记曾说："我们要铭记一切为中华民族和中国人民做出贡献的英雄们，崇尚英雄，捍卫英雄，学习英雄，关爱英雄，勠力同心为实现'两个一百年'奋斗目标、实现中华民族伟大复兴的中国梦而努力奋斗。"

为响应习近平总书记的殷切号召，传承红色基因、筑牢精神支柱，本书编者希望能借由一个个鲜活生动的英烈故事，带领读者回到那些血与火交织的艰难岁月，去感受英烈们为新中国的建立所做出的伟大牺牲和不懈坚持，从而激励人们为中华民族的伟大复兴而继续努力奋斗。

书内文章均来自新华社公开播发的"为了民族复兴·英雄烈士谱"专栏，第三卷选取100位革命烈士的感人事迹，并配以人物图片、经典语录、英烈生平汇集成册，力求全面、生动、多角度地展现英烈生平和事迹。书内文章作者均为新华社各分社记者，如李继伟、闫祥岭、邱冰清、李雄鹰、韩朝阳、秦婧、王莹、黄璐、陈文广等。

全书内容权威、图文并茂、通俗易懂，可作为各地区各部门开展爱国主义、集体主义、社会主义、"四史"学习教育的参考读物，帮助读者深刻感受爱国精神和崇高信仰的感召与激励，在自己的生活和工作中真正做到"不忘初心，方得始终"。

《中华英烈事迹读本》编写组

2019年12月

目录

CONTENTS

佟麟阁

誓与卢沟桥共存亡

佟麟阁，1892 年出生于河北省高阳县一个农民家庭。1936 年，佟麟阁任第 29 军副军长，驻守平津一带。1937 年 7 月 7 日夜，日军在北平西南卢沟桥发动卢沟桥事变，佟麟阁时任北平南苑驻地指挥官。7 月 28 日，日军发动猛攻，佟麟阁坚守一线，壮烈殉国，时年 45 岁。

英烈语录

战死者光荣，偷生者耻辱！荣辱系于一人者轻，而系于国家民族者重。国家多难，军人当马革裹尸，以死报国！

——佟麟阁

深秋时节，河北省高阳县佟麟阁小学里书声琅琅，“传承民族魂，红色爱国心”的红字标语在阳光下熠熠生辉。提起自己学校的名字，说起英雄佟麟阁的故事，孩子们的眼神中透着满满的自豪。

佟麟阁，1892 年出生于河北省高阳县一个农民家庭。早年投身冯玉祥部队，因英勇善战、善于用兵，先后升任连长、营长、团长、旅长。1933 年，佟麟阁参加长城抗战，取得喜峰口大捷。同年，他与冯玉祥等组织察哈尔民众抗日联盟军，先后收复康保、宝昌、沽源、多伦等失地，重创日军。后退居北平香山。1936 年，佟麟阁任第 29 军副军长，驻守平津一带。在对抗日军训团进行军训时，他提出：“要为民族生存而战斗，为国家荣誉而献身。”

1937 年 7 月 7 日夜，日军在北平西南卢沟桥发动卢沟桥事变，佟麟阁时任北平南苑驻地指挥官，他在全军将校会议上慷慨陈词：“日寇消灭中国，是其根本目的。中国人只有一条出路，就是抗战！日寇阴谋侵占平津、吞并华北，吾辈首当其冲。战死者光荣，偷生者耻辱！荣辱系于一人者轻，而系于国家民族者重。国家多难，军人当马革裹尸，以死报国！”并以军部名义发出命令：“凡是日军进犯，坚决抵抗，誓与卢沟桥共存亡，不得后退一步。”

大敌当前，佟麟阁视死如归，坚守南苑。时其父在北平城内病重，家人屡促归省，佟麟阁挥泪给妻子捎去书信：“大敌当前，此移孝作忠之时，我不能亲奉汤药，请夫人代供子职！”部属闻之，无不为之感动落泪，纷纷表示愿随将军共生死，奋勇杀敌。

1937 年 7 月 28 日，日军发动猛攻。佟麟阁在指挥右翼部队向敌突击时，腿部被机枪击中，部下劝其退后裹伤，他对部下说：“大红门失守，全局被动，事急如此，我不能临阵而退。”佟麟阁不顾伤痛依旧坚守一线，官兵们见此场景声泪俱下，与日军舍命拼杀。日军地面进攻遭到重挫后，派战机狂轰滥炸。佟麟阁头部不幸被击中，壮烈殉国，时年 45 岁。

1938 年，毛泽东在延安追悼抗敌阵亡将士大会上，说佟麟阁等人“给了全中国人以崇高伟大的模范”；1946 年，国民政府对佟麟阁进行了隆重的国葬，将西城区一条街更名为佟麟阁路；中华人民共和国成立后，佟麟阁被追认为革命烈士；2009 年，佟麟阁被评为 100 位为新中国成立做出突出贡献的英雄模范之一。

在佟麟阁的家乡河北省高阳县，以佟麟阁名字命名的街道、广场和学校每时每刻都在提醒着后人，缅怀先烈，勿忘历史，发愤图强，秉承佟麟阁将军遗志，将爱国主义精神贯穿于高阳经济社会发展中，接续奋斗，为实现中华民族伟大复兴的中国梦作出更大贡献。

赵登禹 将军血战不归还

赵登禹，字舜臣。1898 年出生于山东菏泽。九一八事变后，赵登禹主张抵抗日本。1937 年 7 月 28 日，在奉命向北平撤退途中，遭日军伏击，担任国民革命军陆军第 29 军 132 师师长的赵登禹指挥部队与日军激战，胸部中弹牺牲，时年 39 岁。

英烈语录

肢体受伤，是小纪念；战死沙场，才是大纪念。

——赵登禹

照片、文字、塑像、绘画……在山东省菏泽市曹州书画院，赵登禹纪念馆每年都吸引众多群众前来缅怀、追思。岁月如梭，但精神不灭，家乡的父老乡亲始终记得这位血战不归的抗日英雄。

赵登禹，字舜臣。1898 年出生于山东菏泽。1914 年加入冯玉祥的部队，由士兵晋升为排长、连长、营长、副团长、旅长、师长等职。1926 年参加北伐。

九一八事变后，赵登禹主张抵抗日本。1933 年任第 29 军 37 师 109 旅旅长。1933 年第 29 军长城抗战时，赵登禹奉命率部增援喜峰口、潘家口，与敌激战，取得胜利，打击了敌军的嚣张气焰，大涨了抗日军民的士气，赵登禹因战功卓著被擢升为第 132 师师长，并被授予陆军中将军衔。1935 年 8 月，第 29 军被调到北平地区驻防。

抗日战争全面爆发后，1937 年 7 月下旬，日军在飞机和坦克的掩护下，分别向北平、天津以及邻近各战略要地大举进攻。日军出动 40 余架飞机轮番轰炸阵地，并有 3000 人的机械化部队从地面发动猛烈攻击。担任国民革命军陆军第 29 军 132 师师长的赵登禹，率部守卫北京城外的南苑。

132 师将士在赵登禹的率领下，不畏强敌，奋勇抵抗。南苑一带地势平坦，无险可守。日军将中国军队切成数段，分割包围。部队孤军作战，在敌人炮火和飞机的狂轰滥炸下，损失惨重。赵登禹率部誓死坚守阵地，拼死抗击。7 月 28 日，在奉命向北平撤退途中，遭日军伏击，赵登禹指挥部队与日军激战，胸部中弹牺牲，时年 39 岁。

抗战胜利后，北平市政府将北河沿大街改名为赵登禹路，以示纪念。

1995 年，抗战胜利 50 周年之际，山东省菏泽市为纪念家乡的抗日英雄，在菏泽曹州书画院成立了赵登禹纪念馆，作为爱国主义教育基地。

纪念馆由四部分组成，用大量照片、文字资料、实物以及根据赵登禹事迹创作的美术作品，生动再现了赵登禹不同时期的光辉形象和顽强抗战的英勇事迹。

“纪念馆每年都与当地的小学、初中、高中、大学联合开展形式多样的爱国主义活动，以缅怀英雄，激励后人。”曹州书画院负责人祖士常说。

同年，英雄老家的农村中学更名为登禹中学，校园内建有小型纪念馆，还开发编写了校本课程《大刀英雄赵登禹》。年复一年，家乡学校出去的学子们，无不对英雄的事迹耳熟能详，无不对抗日英雄充满敬仰。

登禹中学副校长唐海旺说，登禹学校目前在校学生 1400 多人，为了学习抗日英雄，激励学生成长，学校提出了“走将军路，做登禹人，继承先烈遗志，弘扬将军精神”的口号，培养学生的爱国主义精神，激发学生奋发图强、报效祖国的动力。

郭纲琳

『永是勇士』的革命女战士

郭纲琳，1910 年生于江苏省句容市。1931 年 10 月加入中国共产主义青年团，同年底转为中国共产党党员。

1934 年 1 月 12 日，因叛徒告密郭纲琳不幸被捕。1937 年 7 月，敌人把郭纲琳押往雨花台刑场。为了革命事业，郭纲琳献出了年仅 27 岁的生命。

英烈语录

我一个手无寸铁的女子，凭了真理，凭了对人民的忠贞，凭了党给我的教育，我将你们费了不少狗气力想出来的一切阴谋诡计打得粉碎，可见我是胜利了……

——郭纲琳

绣着展翅翱翔大雁的枕套、绣着五角星的手绢……烈士郭纲琳在狱中绣的物件，陈列在南京市雨花台烈士陵园管理局主办的“革命战士别样风采——雨花英烈文学艺术作品展”中，传达的是她对共产主义的坚定信仰和对革命事业的必胜信心。

郭纲琳，1910 年生于江苏省句容市。1929 年考入上海公学，并加入中国左翼文学研究会，积极探求革命真理。九一八事变后，她不畏校方阻挠，积极投身抗日救亡运动，号召同学们成立抗日救国会，响应北平、天津、广州等地高校号召，多次参加请愿示威斗争。1931 年 10 月加入中国共产主义青年团，同年底转为中国共产党党员。

1932 年淞沪抗战爆发，郭纲琳代表中国公学爱国学生参加上海学联工作，夜以继日地发动群众，参加战地服务团，支援前线抗战。同年 4 月，根据党组织安排，她化名刘英到上海美亚绸厂工作，号召女工为争取自由解放而斗争。1933 年春，郭纲琳调任共青团江苏省委内部交通，传送党的秘密文件和指示。不久，到无锡任团中心县委书记，领导无锡等地的共青团工作。

1934 年初郭纲琳调任上海闸北区团委书记。同年 1 月 12 日，因叛徒告密郭纲琳不幸被捕，被关押在南京老虎桥监狱。在漫长的牢狱生涯中，郭纲琳始终保持着顽强的斗志和乐观精神。除绣出的手绢和枕套，她还把两枚铜板磨成心形，镌刻上“健美”“永是勇士”的字样，表达自己决不投降、永当无产阶级勇士的坚定意志。

郭纲琳被关押期间，郭家想方设法营救，几次都因她拒绝在国民党拟好的悔过书上签字而作罢。

由于郭纲琳斗争坚决，敌人将她作为重点惩处对象，对她施以皮鞭抽、铁杠压等种种酷刑，都未能使她屈服。1937 年 7 月，敌人把郭纲琳押往雨花台刑场。她一路唱着《国际歌》，高呼“打倒日本帝国主义！”“打倒国民党反动派！”“中国共产党万岁！”“共产主义青年团万岁！”走向刑场。

面对死亡，郭纲琳怒斥敌人：“我一个手无寸铁的女子，凭了真理，凭了对人民的忠贞，凭了党给我的教育，我将你们费了不少狗气力想出来的一切阴谋诡计打得粉碎，可见我是胜利了……”为了革命事业，郭纲琳献出了年仅 27 岁的生命。

“我二姑在狱中给我爸爸写了封信，她说不能造一点点罪恶在她的生命中。”郭纲琳的侄儿郭常根说，她用自己的鲜血、生命来实践对共产主义事业的崇高追求。

在郭纲琳的影响下，郭常根的父亲郭纲伦、叔叔郭纲钟、姑姑郭纲瑜等先后参加革命，为中国革命事业做出贡献。“二姑是整个家族的骄傲。我虽未见过她，但从小听她的故事，长大后为更了解她搜集了一些她的资料。了解得越多就越敬佩她。”郭常根参加工作后成为一名农村小学教师，在教学中结合二姑郭纲琳的事迹向学生讲述革命故事，宣传革命精神。对子女，他也要求继承家中长辈的革命精神，学会担当。

这些年，郭常根已经记不清来过雨花台多少次了。2016 年他被聘为“雨花台烈士亲属宣讲团”成员，与其他烈士亲属一起走进高校等地，将革命烈士的故事讲述给当代青年。

姚子青

以我血肉　壮我河山

姚子青，谱名若振，号中琪，1909 年出生于广东省平远县。

1937 年，姚子青被擢升为国民革命军第 18 军 98 师 292 旅 583 团第 3 营中校营长。抗日战争全面爆发后，姚子青率部开赴上海参加淞沪会战，奉命驻守宝山县城。在 9 月 7 日与日军的鏖战中，寡不敌众，宝山县城陷落，年仅 29 岁的姚子青壮烈殉国。

英烈挽歌

枪掩吴淞月，炮掀黄浦波。发扬我民族英威，扫荡敌人侵略的罪恶……

——《淞沪战歌》

客家围龙屋，泥砖墙，杉桁瓦面，三合土地底，屋前月形池塘，水井一口在屋东……广东省梅州市平远县大柘镇大墩背有一祖屋，坐西北向东南。这就是姚子青烈士的祖居。

姚子青，谱名若振，号中琪，1909 年出生于广东省平远县。姚子青幼年就读于本乡景清小学，后考入平远中学，读书期间，成绩突出，操行优良。

1926 年，姚子青考入黄埔军校第 6 期。北伐战争爆发后，他加入北伐大军，担任排长，英勇善战，屡立战功。1930 年 11 月，姚子青任国民革命军陆军第 11 师步兵 33 旅暂编第 1 团第 1 营第 3 连上尉连长。

1937 年，姚子青被擢升为国民革命军第 18 军 98 师 292 旅 583 团第 3 营中校营长，驻防汉口。抗日战争全面爆发后，姚子青率部开赴上海参加淞沪会战，奉命驻守宝山县城。

1937 年 8 月 28 日，日军利用飞机、军舰舰炮对宝山县城狂轰滥炸，随后日军步兵发起攻击，姚子青率部英勇还击。经过一个昼夜的激战，毙伤敌军 200 余人。

9 月 3 日，日军会合小川沙登陆的大量军队，在飞机、战车的掩护下向西门外大街及西南城垣攻击，企图截断宝山守军与后方联络。姚子青识破了日军的阴谋，趁其立足未稳，下令迎头痛击。在战斗中，姚子青亲临前沿阵地指挥作战，还深入各战壕做思想鼓动，勉励全营官兵“团结战斗，坚守阵地，爱我中华，杀敌立功”。全营士气大振，斗志倍增。血战一昼夜，仅宝山城金家巷一地就击毙日军 200 余人，伤者不计其数。

9 月 5 日，日军 2000 余人从长江东、南、北三面登陆，再次围攻宝山县城，姚子青临危不惧，率部死守城垣，多次打退敌人的进攻。激战两昼夜，毙伤日军 600 余人。

至 9 月 7 日早晨，与敌血战了两昼夜的姚子青营官兵大部分阵亡。这时，宝山县城东南一角被日舰轰毁，日军蜂拥而入。姚子青率所剩官兵 20 余人与敌鏖战，子弹打光了就与敌肉搏，终因寡不敌众，宝山县城陷落，年仅 29 岁的姚子青壮烈殉国。

宝山之战，除副营长李贻谟及二三名士兵于前两天身负重伤已送后方医院治疗外，全营官兵全部阵亡。

姚子青和全营官兵壮烈殉国后，国民党中央执监委员会于 9 月 10 日通电说："宝山之战，姚子青全营与孤城并命。志气之壮，死事之烈，尤足以动天地，而泣鬼神……"

姚子青牺牲后，以其英勇杀敌事迹为题材创作的《姚子青大鼓词》《姚将军歌》，记载着他可歌可泣的英雄事迹，催人泪下。以姚子青营壮士为题材拍摄的《孤城喋血》《血溅宝山城》两部影片热播海内外。

1986 年 9 月，广东省人民政府为纪念抗日将领黄梅兴、姚子青烈士，将平远县城镇中学更名为"梅青中学"。现在，梅青中学是平远县爱国主义教育基地，主要展示抗日民族英雄黄梅兴、姚子青将军英雄事迹。

赵崇德
夜袭阳明堡的抗日英雄

赵崇德，原名开奎，又名宗德，出生于河南省商城县伏山乡七里山村。1933 年加入中国共产党。抗日战争全面爆发后，赵崇德担任八路军第 129 师 769 团 3 营营长。1937 年 10 月 29 日晚，赵崇德率领第 3 营西渡滹沱河，直扑阳明堡日军飞机场。赵崇德在掩护部队撤退的时候，身中数弹牺牲。

英烈挽歌

忠肝赤胆，与日月争光。

——彭德怀

在河南省商城县陶家河畔，有一条以抗日英烈名字命名的道路——赵崇德大道，商城县人民以这种方式纪念在夜袭阳明堡战斗中牺牲的抗日英雄赵崇德。

赵崇德，原名开奎，又名宗德，出生于河南省商城县伏山乡七里山村，他自幼聪明灵巧、秉性刚强，曾入学就读两年，后因家境困难辍学。

1930 年秋，赵崇德参加红军，被编入红 4 军 10 师 28 团当战士。随军转战大别山区数十县，因作战勇敢，立下战功，不久被调任 12 师特务队班长。1931 年 10 月，参加著名的黄安战役。随后，又参加商（城）潢（川）、苏家埠战役。1933 年加入中国共产党。

1934 年，赵崇德参加二万五千里长征。长征途中，他多次负伤、立功，由排长、指导员升为营长。抗日战争全面爆发后，赵崇德担任八路军第 129 师 769 团 3 营营长。

为配合忻口战役，第 129 师师部命令第 769 团袭击敌人阳明堡机场，769 团决定把袭击飞机场的重任交给第 3 营。

1937 年 10 月 29 日晚，赵崇德率领第 3 营西渡滹沱河，直扑阳明堡日军飞机场。经过一个多小时的战斗，击毁停机坪敌机 24 架，歼灭日军 100 余人。赵崇德在掩护部队撤退的时候，身中数弹牺牲。

赵崇德机智果敢，身先士卒，并以夜间作战和近战见长，他率领的营曾被授予“以一胜百”锦旗。八路军第 129 师师长刘伯承称赞夜袭阳明堡战役：“首战告捷，打得好！打得好！”。1937 年 11 月 4 日，国民党战区长官卫立煌在太原见到周恩来后，赞扬道：“阳明堡烧了敌人 24 架飞机，是战争历史上从来没有过的事情。”

1940 年 7 月 1 日，第 129 师政治部编印的共产党诞生 19 周年及抗日 3 周年纪念丛刊《烈士传》，赵崇德的英雄事迹收入其中。彭德怀称赞他：“忠肝赤胆，与日月争光。”

2014 年，民政部公布第一批在抗日战争中顽强奋战、为国捐躯的 300 名著名抗日英烈和英雄群体名录，赵崇德名列其中。

中共商城县委史志研究室的柯大全说：“赵崇德在中华民族亡国灭种的危难关头，走上抗日战场，以血肉之躯筑起了捍卫民族尊严的钢铁长城，用气吞山河的英雄气概为老区商城人民赢得光荣，他是商城人民的骄傲。赵崇德舍生取义的爱国精神，是商城人民宝贵的精神财富。”

郝梦龄

誓当以沙场为归宿

郝梦龄，1898年2月出生于河北藁城。1937年10月11日，郝梦龄率部参加忻口战役，与日军激战数日。10月16日，因南怀化高地被日军占领，郝部奉命担任反攻任务。在通过距离日军阵地只有200米的一段隘路时，郝梦龄被日军的机枪击中牺牲，时年39岁。

英烈语录

余受命北上抗日，国既付以重任，视我实不薄，故余亦决不惜一死以殉国，以求民族生存。此次抗战，誓当以沙场为归宿。

——郝梦龄

“忻口开火数月整，娘子关再顶住，南怀化死个够。”1937 年在山西流传的这支悲壮的民谣，说的正是抗战时期的忻口战役。在此次战役中，郝梦龄英勇牺牲，成为抗战阵亡的第一位军长。

郝梦龄，1898 年 2 月出生于河北藁城。早年入保定陆军军官学校第 6 期步兵科学习。毕业后加入冯玉祥部队，任第 4 军 26 旅旅长。曾参加北伐战争，历任第 4 军 2 师师长、第 54 师师长、郑州警备司令、第 9 军副军长、军长等职。

郝梦龄多次参加军阀混战，见“人民遭殃、流血千里”，深为忏悔和痛恨。全面抗战前夕，蒋介石对革命根据地发动反革命“围剿”，郝梦龄对同室操戈非常反感，曾两次请求解甲归田，均未获批准。

1937 年 7 月，卢沟桥事变爆发，郝梦龄请求北上抗日：“我是军人，半生光打内战，对国家毫无利益。现在日寇要灭亡中国，我们国家已到生死存亡的紧要关头，我应该去抗战，我应该去与敌人拼。”同年 9 月，郝梦龄率部北上，在与妻子、儿女话别时说：“我爱你们，但我更爱我们的国家。”临别前，他写下遗嘱，下定为抗日牺牲的决心。

1937 年 10 月 11 日，郝梦龄率部参加忻口战役，与日军激战数日。10 月 16 日，因南怀化高地被日军占领，郝部奉命担任反攻任务，郝梦龄接到任务后，立即到前线督战，反攻大军分数路扑向日军阵地，连克敌人几个山头。郝梦龄决定乘胜追击，于是挥兵奋进。在通过距离日军阵地只有 200 米的一段隘路时，郝梦龄被日军的机枪击中牺牲，时年 39 岁。

郝梦龄阵亡后，士兵在其衣袋里，发现一封尚未发出的致友人信：“余受命北上抗日，国既付以重任，视我实不薄，故余亦决不惜一死以殉国，以求民族生存。此次抗战，誓当以沙场为归宿。”

国民政府后追认郝梦龄为陆军上将。1938 年 3 月，在延安召开的追悼抗敌阵亡将士大会上，毛泽东同志高度评价了郝梦龄等抗日殉国的精神，称颂郝梦龄等壮烈牺牲的将士是中国人民“崇高伟大的模范”，证明“中华民族绝不是一群绵羊，而是富于民族自尊心与人类正义心的伟大民族”。为表彰忠烈，中华人民共和国民政部于 1983 年追认郝梦龄为革命烈士。

在藁城西北角的烈士陵园内，伫立着郝梦龄雕像，供人瞻仰缅怀。郝梦龄生前捐资建校的碑刻也保留在此。烈士陵园主任郝朝军说，郝梦龄热心教育，为办好家乡教育事业，他出资建高小和女子初小各一所，为县立图书馆赠送高小图书 4000 余册，本村高小生均给予补助。

“在国家危难时刻，我的祖父身先士卒，以身殉国，实现了为民族、为国家而战的夙愿，我崇敬、并深深怀念他。”郝梦龄的孙子郝良表示，自己一定会传承先人的爱国精神，在岗位上踏实工作，为国家的繁荣富强贡献自己的力量。

高志航，原名高铭久，字子恒。1908 年 6 月出生，辽宁通化(今属吉林省)人。高志航是被誉为“空军军神”“蓝天战神”的抗日英雄，第一个击落日机的中国空军飞行员，牺牲时仅 30 岁。

英烈语录

身为中国空军，怎么能让敌人的飞机飞在头上？

——高志航

高志航，一位被誉为“空军军神”“蓝天战神”的抗日英雄，第一个击落日机的中国空军飞行员，牺牲时仅30岁，却在中国近代空军史上，写下了可歌可泣的不朽篇章。

高志航，原名高铭久，字子恒。1908年6月出生，辽宁通化（今属吉林省）人。1924年，高志航从教会学校“奉天中法中学”毕业后，考入东北陆军军官教育班学习。这一年东北军扩建空军，招考飞行员赴法国学习，他把名字“铭久”改为“志航”，表明志在航空的决心。最终，他如愿前往法国学习军事飞行。

1929年1月，高志航学成回国，被分配到东北航空处飞鹰支队任少尉飞行员。在飞行演练中，他以高超的飞行技术赢得官兵们的称赞和敬佩。一次演习，他的右腿被弹出的操纵杆打断。经过两次手术康复后，他依然坚持要求重上蓝天。

1931年，高志航晋升少校，任飞鹰支队支队长。1935年，他奉命前往意大利购买战机。1936年5月，高志航回国，历任空军教导总队副总队长、第6航空大队大队长、第4航空大队大队长等职。

1937年8月13日，淞沪会战爆发。日本海军第三舰队司令长谷川清计划空袭杭州、南昌、虹桥等机场，摧毁中国的空军力量。8月14日，长谷川清命令驻台北的18架“九六式”陆上攻击机出动，空袭杭州笕桥机场。

当天18时10分，杭州发出空袭警报。此时，中国空军第4航空大队第21、22、23中队已由河南周口起飞，经过恶劣气象条件的长途飞行，油料将尽。刚在笕桥机场降落不久的高志航机队，不顾长途飞行的疲劳和油料不足，英勇果敢地冲上天空，在云层里同敌机群展开猛烈厮杀。

高志航驾机占据有利位置，抓准时机、准确击中一架日机右翼主油箱，敌机迅速坠落在钱塘江畔。这架敌机也成为被中国空军击落的第一架日军战机。之后，第23中队队员梁添成和22中队长郑少愚也各击落敌机1架。不到30分钟的战斗，第4大队共击落日机3架，击伤1架，我军仅1架战机轻伤。

八一四空战告捷，打破了“日本空军不可战胜”的神话。8月15日，中日空军在南京、上海、杭州等地再次展开大规模空战。这一系列战斗中，中国空军击落17架日机，仅损失两架战机。后高志航因战功卓著被任命为空军驱逐机部队司令兼第4航空大队大队长。

1937年11月，高志航奉命率队赴兰州接收苏联援华的战机。飞至河南周家口机场时，因天气恶劣，在机场待命。21日，机场突遭11架日机偷袭，高志航在进入机舱准备起飞战斗时，被炸弹弹片击中牺牲，时年30岁。

2015年8月29日，三峡大学西校区高志航路上，抗日英烈高志航塑像落成，塑像高4米，由3吨青铜浇铸而成，基座高1.7米，为25吨三峡原石。整个塑像庄严雄伟，头戴飞行帽的高志航，一手叉腰，举目远眺，仿佛正在观察云天之上的战况。

谢嵩

中国工农红军的一员“虎将”

谢嵩，又名谢晓云。1903 年生于湖南邵阳上车桥（今属邵东县），曾当过学徒、染工，1924 年入湘军当兵，1928 年 7 月参加平江起义，同年秋加入中国共产党。

全面抗日战争爆发后，谢嵩被派到山西，任战地总动员委员会武装部作战科科长，游击第 1 路纵队司令员。1937 年底，谢嵩在赴延安汇报工作途中因车祸负重伤，翌年初在陕西绥德牺牲，时年 35 岁。

在湖南省邵东县城西，有一座昭阳公园，园内树木葱郁，遍布亭台楼阁，是邵东市民休闲娱乐的重要场所。在广场内石阶两旁，10 位名人雕像矗立在绿树之中，供人瞻仰缅怀，他们是近现代以来为中国革命和建设做出突出贡献的“邵东骄傲”。其中一座雕像头戴红军军帽，目光深邃，凝视远方，他就是中国工农红军的一员“虎将”——谢嵩。

谢嵩，又名谢晓云。1903 年生于湖南邵阳上车桥（今属邵东县），曾当过学徒、染工，1924 年入湘军当兵，1928 年 7 月参加平江起义，同年秋加入中国共产党。

1930 年起，谢嵩先后任中国工农红军第 5 军特务大队大队长，红 7 军 19 师 55 团团长，江西军区赣县模范团团长，红 3 军团 4 师 12 团团长，参加了中央苏区历次反“围剿”。

在第五次反“围剿”的大洋嶂战斗中，谢嵩亲临前线，指挥部队与十倍于己之敌展开殊死拼杀，多次打退敌人的进攻，并缴获大批武器和军用物资。战后，红 3 军团政治部授予 12 团 5 连“以少胜多、顽强防御模范红五连”的锦旗。谢嵩作战勇敢，指挥机敏果断，处处身先士卒，在战斗中曾 5 次负伤。1934 年 8 月 1 日，中央革命军事委员会授予他三等红星奖章。

1934 年 10 月，中央红军开始长征，为了调动敌人兵力，减少中央红军北上的阻力，谢嵩奉命率 12 团向广东方向进发。待主力部队安全转移、达到诱敌目的之后，他又率部巧妙地甩掉敌人，迅速赶上主力部队。

长征途中，谢嵩多次率部担负主攻任务，渡赤水河，占娄山关，屡建战功。到陕北后，谢嵩任陕甘省军事部参谋长，参与组建红 29 军的工作，先后任红 29 军副军长兼参谋长、代军长、军长，率部坚持陕北地区的军事斗争，配合东征、西征等战役，胜利完成了任务，受到毛泽东、周恩来的高度赞扬。1937 年 1 月，谢嵩入抗日军政大学学习。

全面抗日战争爆发后，谢嵩被派到山西，任战地总动员委员会武装部作战科科长，游击第 1 路纵队司令员。1937 年底，谢嵩在赴延安汇报工作途中因车祸负重伤，翌年初在陕西绥德牺牲，时年 35 岁。

谢嵩牺牲虽然已经 80 多年，但党和人民并没有忘记他。他的英勇事迹被当地逐步挖掘、丰富，成了当地“传承红色基因”宣讲活动的重要内容。

近年来，邵东党委政府秉承“民生为本”理念，着力改善民生，使得人民群众生活水平有了显著提高，经济社会发展保持稳中向好态势。“回首过往，邵东的发展已是今非昔比。谢嵩当年为革命出生入死、努力奋斗的目标，在一代代邵东人的努力下正在实现。”邵东县委书记沈志定介绍。

钱亦石

『红色教授』真理救国

钱亦石，1889 年生于湖北省咸宁县一个书香之家。1924 年，由董必武、陈潭秋介绍，加入中国共产党。八一三淞沪抗战爆发后，根据周恩来的指示，钱亦石担任第 8 集团军服务队少将队长，率领 30 多位作家、艺术家奔赴抗日第一线，动员沪杭线地区人民，实行军民联合抗战。因忘我工作，积劳成疾，于 1938 年 1 月在上海病逝，时年 49 岁。

英烈语录

脱掉长衫，同赴战地，一面唤起民众，一面教育自己。我们愿在枪林弹雨中，把身体炼成铁，把意志炼成钢，把大家炼成分不开的集体，以热诚励士气，以鲜血染征衣。努力！努力！动员全国同胞，争取抗战到底。努力！努力！动员全国同胞，争取抗战到底！

——《战地服务队队歌》（钱亦石作词）

金秋时节，满城桂花飘香。在湖北省咸宁市咸安区马桥镇钱家庄，湖北省重点文物保护单位的钱亦石故居，不时有人慕名前来瞻仰。

钱亦石，1889 年生于湖北省咸宁县一个书香之家。1916 年，考入国立武昌高等师范，1920 年以优异成绩毕业，被湖北教育厅录用为科员。后在武昌高师附小任教育主任。受到陈潭秋的影响，钱亦石逐渐冲破教育救国的樊笼，广泛阅读各类政治书籍，开始接受马克思主义。1924 年，由董必武、陈潭秋介绍，加入中国共产党。

不久，钱亦石按照党的决定，以个人身份加入国民党，协助董必武筹建国民党湖北临时党部，当选为国民党湖北省执行委员会委员兼宣传部主任，主办《武汉评论》。1926 年 1 月，钱亦石与董必武等人出席在广州召开的国民党第二次全国代表大会，回武汉后尽力协助董必武，为支援北伐军攻克武昌做了大量领导工作。1927 年 1 月，国民党湖北省第四次代表大会在武昌召开，钱亦石是大会主席团成员之一，后被选为常务委员。

大革命失败后，1928 年 1 月，钱亦石根据党的决定，秘密到达日本东京。他在这里精心研读了《资本论》，并和杨贤江、董必武领导了东京留学生中的共产党秘密组织。同年 8 月，中央决定董必武和钱亦石转往苏联，到莫斯科特别班学习。1930 年，钱亦石化装成铁路工人回到上海，开始从事文化活动。

1932 年起，钱亦石经中共党组织的联系，被上海法政学院和暨南大学聘为教授，主讲《中国外交史》《现代教育原理》等课程。此外，他还在《世界知识》等刊物上发表了近百篇论文，后来编成《紧急时期的世界与中国》《战神翼下的欧洲问题》《白浪滔天的太平洋问题》等书。钱亦石这些论文中，用马克思主义的“社会科学解剖刀”，精辟地分析国际形势的发展，揭露了德、意、日法西斯的侵略阴谋。董必武称赞这些论著“不仅是国内第一流的论文，即置于国际第一流的论文中，也毫无逊色”。

这期间，钱亦石还和周扬、阳翰笙、夏衍等领导了上海文化界党的秘密组织工作。1936 年至 1937 年，任中国社会科学家联盟党团书记、中国左翼文化界总同盟成员、苏联之友社党团书记，还与邹韬奋等人组织全国各界救国联合会。通过这些组织，团结左翼知识分子，出版刊物，组织读书会和社会科学研究小组，宣传马列主义，并在学生、职工中开展文化教育运动。

八一三淞沪抗战爆发后，根据周恩来的指示，钱亦石担任第 8 集团军服务队少将队长，率领 30 多位作家、艺术家奔赴抗日第一线，动员沪杭线地区人民，实行军民联合抗战。因忘我工作，积劳成疾，于 1938 年 1 月在上海病逝，时年 49 岁。武汉各界在汉口举行隆重的追悼大会，毛泽东、周恩来、朱德送的挽联上写着“哲人其萎”，表达了对钱亦石深切的悼念之情。

“我们要学习先辈对党和革命事业的忠诚，学习他们对于理想信念的始终不渝。”钱亦石的孙女钱国庆说，“在平凡的工作中，争取取得不平凡的业绩，就是对先辈精神最好的弘扬。”

理琪
献身革命国忘私

理琪，原名游建铎，1908 年出生于河南省太康县一个富裕家庭。1924 年，理琪离开太康到开封读书。1925 年，加入中国共产党。

1938 年 2 月初，理琪率领第 3 军在文登、牟平一带以游击战形式打击、牵制敌人。在雷神庙休整时，部队遭增援日军围攻。理琪率部突围时，身中数弹，仍坚持指挥战斗，因伤势过重不幸牺牲，时年 30 岁。

英烈挽歌

天福英雄是理琪，献身革命国忘私。当年猛打雷神庙，今日高标星宿旗。万代东风吹海隅，一方化雨仰宗师。文登多少佳儿女，接力还须步伐齐。

——郭沫若

在河南省周口市太康县烈士陵园的一座纪念亭下，理琪的英勇事迹被镌刻在纪念碑上。除了家乡太康外，山东烟台也有关于理琪革命活动的纪念场馆。理琪 30 载生命中感人而壮烈的事迹，深深打动着后来人。

理琪，原名游建铎，1908 年出生于河南省太康县一个富裕家庭。1924 年，理琪离开太康到开封读书。1925 年，加入中国共产党。入党后，理琪受党的派遣回到家乡开展革命斗争。当年秋天，理琪考入冯玉祥的西北军无线电学校。

1926 年，理琪以管理无线电通讯的职业作为掩护，在国民党军队中从事党的地下工作。1931 年 12 月，理琪参与鼓动国民党官兵参加宁都起义的活动，因被敌人发觉，便离开国民党军队，到了中央苏区。他发挥特长，为红军和苏区无线电通讯事业的建设做出了有益贡献。

1934 年，理琪被派往上海从事党的秘密工作。当时上海的党组织常遭敌人破坏，他经常饿着肚子坚持斗争。1935 年下半年，理琪与党组织失去联系。他千方百计寻找党组织，终于在 1936 年春与党组织取得联系，后被派往山东胶东工作。理琪积极开展工作，恢复党的组织，成立了中共胶东临时特委，被选为书记。1936 年，理琪和特委机关迁移到烟台。根据中共中央北方局的指示，中共胶东临时特委与烟台市委合并为胶东特区工委，理琪任书记。同年，由于叛徒告密，理琪被捕。在狱中，任凭敌人拷打、逼问，他坚守党的秘密，继续坚持斗争。1937 年 11 月，理琪出狱后按照指示回到胶东，建立了一支由共产党独立领导的胶东人民抗日武装。

1937年12月24日，他领导天福山起义，成立了山东人民抗日救国军第3军。1938年1月，理琪又发动了威海起义。第3军建立司令部、成立军政委员会后，理琪任司令员兼军政委员会主席。

1938年2月初，日军3000余人侵占了青岛、烟台等地，理琪率领第3军在文登、牟平一带以游击战形式打击、牵制敌人。2月12日，理琪在主持召开军政委员会紧急会议后，决定亲自率领部队攻打牟平县城。13日，理琪采取里应外合的战术，收复了牟平，俘虏了伪县长等70余人，缴枪百余支。在雷神庙休整时，部队遭增援日军围攻。理琪率部突围时，身中数弹，仍坚持指挥战斗，因伤势过重不幸牺牲，时年30岁。

1962年，为了纪念理琪，郭沫若题诗赞颂："天福英雄是理琪，献身革命国忘私。当年猛打雷神庙，今日高标星宿旗。万代东风吹海隅，一方化雨仰宗师。文登多少佳儿女，接力还须步伐齐。"2014年，理琪被列入民政部公布的第一批300名著名抗日英烈和英雄群体名录。

"伯父理琪为了民族的独立和人民的解放而牺牲，我们非常自豪，并教育孩子们学习他的精神，吃苦耐劳，跟党走，多做对国家、对人民有贡献的事。"理琪的侄子游立峰说，每年清明节，他都会带着家人去为理琪扫墓祭拜。如今，太康县正在大力弘扬革命先烈热爱祖国、忠于人民、无私奉献、敢于牺牲的精神，干部群众奋发有为、开拓创新，为实现太康跨越发展而努力奋斗。

许包野
雨花台传奇烈士

许包野，祖籍广东省澄海县冠陇乡，1900年5月出生于泰国一个华侨家庭，7岁回到祖国。1920年，许包野赴法国勤工俭学，先后在法国、德国和奥地利攻读哲学，并获得博士学位。1923年，经朱德介绍，许包野加入中国共产党，成为旅欧支部的一名先锋战士。1935年2月，因叛徒出卖，许包野被捕，于1935年春牺牲在南京监狱。

英烈语录

我的思想是要彻底些，所以我爱自由，所以我也希望他人自由……

——许包野

广东省汕头市澄海区澄华街道冠山居委会北面的坪山仔上，有一烈士陵园，占地约 3000 平方米，陵园正中有一坐北向南的烈士石雕像，左右各设“观云”“望海”两个纪念亭。这就是许包野烈士雕像。

许包野，祖籍广东省澄海县冠陇乡，1900 年 5 月出生于泰国一个华侨家庭，7 岁回到祖国。

1920 年，许包野赴法国勤工俭学，先后在法国、德国和奥地利攻读哲学，并获得博士学位。1923 年，经朱德介绍，许包野加入中国共产党，成为旅欧支部的一名先锋战士。1926 年，许包野被派往苏联莫斯科，在东方大学任教 5 年，还兼任过地方法官，为国际共产主义运动作出了积极贡献。

九一八事变后，共产国际派许包野秘密回国，于 1931 年底到上海向中共临时中央报告共产国际情况。

1932 年 3 月，许包野抵达厦门。不久，被任命为中共厦门中心市委书记。从此，他卓有成效地领导了厦门和闽南十几个县的革命活动。

许包野担任领导期间，厦门中心市委所属闽南地区 10 多个县市的革命运动蓬勃发展，党员发展到近千人，厦门地区的“反帝大同盟”“革命同济会”“赤色工会”等组织纷纷建立，漳州、泉州、安溪的游击队有了很大发展。

1934 年 7 月，许包野调任中共江苏省委书记，化名保尔，在原江苏省委常委、秘书长杨光华的帮助下，领导恢复和重建江苏省委机关。为防止叛徒和内奸的破坏，许包野在江苏省委实行“一个人只知道一个地方”的严密组织措施。

同年 10 月，由于中共河南省委遭受破坏，党中央又调许包野到河南任省委书记，化名老刘。

1935 年 2 月，因叛徒出卖，许包野被捕。在狱中，敌人先是用金钱美女诱惑，后又用高官厚禄拉拢。当这些手段失败后，敌人采取了最残忍的酷刑，用竹针扎进他的手指，用辣椒水灌进他的鼻子、眼睛，用小刀割破他的耳朵，扎进他的大腿、小腿，把他折磨得皮开肉绽、头破腿断。许包野以最英勇最坚强的革命精神与敌人斗争到最后一口气，终因伤势过重，于 1935 年春牺牲在南京监狱里。

2014 年 2 月，为了进一步缅怀先烈，激励后人，让革命精神世代传扬，冠山许氏理事会在许氏宗祠右厢辟“英杰纪念馆”，馆内古朴典雅，简洁大方，陈列着许包野、许依华、许杰等近代冠山许氏革命先烈的塑像、图片及英勇事迹。

如今，许包野烈士旧居、陵园、英杰纪念馆在各级政府的重视支持下，已成为远近闻名的爱国主义教育阵地。

王铭章
以身殉国为民族争光

王铭章，字之钟，1893 年生于新都县泰兴乡。1914 年毕业于陆军军官学校第 3 期步兵科。北伐战争开始后，任国民革命军第 29 军第 4 师师长，1936 年晋升中将。1938 年，王铭章率部参加徐州会战，在战斗中遭日军机枪扫射，身中数弹牺牲，后被追晋为陆军上将。

英烈语录

过去不知为谁而战？为谁而死？……今天奉令出川抗日，是为了挽救国家危亡，民族生存而战……

——王铭章

矗立在四川省成都市新都区新桂湖公园的王铭章将军雕像，高一丈二，基座宽四尺、高三尺，四周刻有“浩气长存，祭阵亡将士”的大字。放眼望去，巍峨的塑像让成都秋日雾霭沉沉的天空明亮了许多。

王铭章，字之钟，1893 年生于新都县泰兴乡。父以小贩为业，家境窘迫，生活拮据。1911 年，四川保路运动兴起，同盟会会员组织同志军发动武装起义，就读于四川陆军小学时年 18 岁的王铭章，毅然参加了同志军，投入与清政府军的战斗。

1914 年 7 月 4 日，王铭章从陆军军官学校第 3 期步兵科毕业后，被分配至川军刘存厚部供职，初任见习排长，后升排长。1916 年初，为反对袁世凯窃国称帝，蔡锷率护国军入川与袁军对垒。王铭章随川军第二师参战，转战于泸县、纳溪县一带，升任连长。1920 年，川滇之战又起，王铭章升任川军第 7 师 25 团团长，随后任第 11 旅旅长。1924 年，川战平息，移防德阳县，晋升第 13 师师长。

北伐战争开始后，川军奉令改编，王铭章任国民革命军第 29 军第 4 师师长。1935 年 7 月，赴峨眉山军训团受训，被授陆军少将衔，任 41 军 122 师师长，次年晋升中将。

1937 年卢沟桥事变后，日本帝国主义大举向我进攻，民族存亡处于严重关头。长期卷入内战旋涡的王铭章，坚决拥护抗战救国、“枪口一致对外”的革命主张，请缨出川杀敌报国。9 月 6 日，王铭章在德阳县广场，召开出川抗日誓师大会，他慷慨激昂地宣称：“此次出川抗日，不成功，便成仁……”“过去不知为谁而战？为谁而死？……今天奉令出川抗日，是为了挽救国家危亡，民族生存而战……”次日，他返回家乡，辞别父老，安抚亲人，并预立遗嘱：“誓以必死报国。将积年薪俸所得，酌留赡家及子女教育之用，余以建立公益事业。”

1938 年初，王铭章被任命为 41 军前方总指挥，率部参加徐州会战，奉命驻守滕县狙击日军。王铭章命令将南门、北门堵死，东、西城门暂留交通道路，随时准备封闭，打算死守滕县县城。3 月 14 日，保卫徐州外围的滕县战役正式展开，日军第 10 师团在飞机的掩护下向滕县发动全线进攻，王铭章率部与日军浴血奋战三昼夜。17 日下午，因兵力悬殊，日军攻占滕县南城墙和东关，大批敌人突入城内。王铭章命令城内各部与日军巷战，西关守军死战待援，并准备亲自到西关指挥守军继续战斗，行至西关外电灯厂附近时，遭日军机枪扫射，王铭章身中数弹牺牲，后被追晋为陆军上将。

王铭章率部坚守滕县，为鲁南会战赢得了时间，为台儿庄大捷创造了有利条件。王铭章忠骸运回时，汉口、重庆、成都均举行了公祭。在汉口公祭典礼上，毛泽东等中央领导联合题写挽联：“奋战守孤城，视死如归，是革命军人本色；决心歼强敌，以身殉国，为中华民族争光。”1984 年 9 月 1 日，四川省人民政府追认王铭章为革命烈士，同月 14 日，国家民政部颁发了烈士证书。

高高矗立于新都桂湖公园的王铭章雕塑，见证着家乡改革开放 40 年来的巨大变化。新都已连续 23 年保持全省县域经济十强。今日新都，已形成轨道交通、航空、现代物流三大产业为主导的现代化产业体系，正着力建设现代化国际范新城区。

刘桂五

起于草莽 殉为家国

刘桂五，字馨山，1902 年出生于热河凌南（今辽宁省朝阳市）。1924 年，西北军名将宋哲元进驻热河，刘桂五应征参军。1937 年七七事变爆发，消息传来，刘桂五立即请缨抗战。1938 年 4 月，刘桂五在战斗中被敌人的炮弹炸成重伤，但依然拿手枪坚持作战，后因伤势过重，壮烈殉国。

英烈语录

弟此次出发抗日不成功则成仁，成功则到老家相见，成仁则到九泉相见，望兄安心理家勿以弟为念。

——刘桂五

内蒙古固阳县兴顺西镇红油杆子村外，低矮的沙丘一望无际，远望天高云低，一座抗日阵亡将士纪念碑巍然挺立。80年前，刘桂五将军在此地与日寇拼杀至生命最后时刻，壮烈牺牲。

刘桂五，字馨山，1902年出生于热河凌南（今辽宁省朝阳市）。他生性豪侠，自少年起练就一身骑射好功夫。1924年，西北军名将宋哲元进驻热河，刘桂五应征参军。后投奔白凤翔领导的地方武装，他的一身武艺和为人深受白的赏识。这支武装部队由张学良的东北军改编，隶属骑兵第2军指挥，番号为骑兵第6师。在屡有战功的情况下，刘桂五由班长、排长逐步升为少校连长。1934年，刘桂五被提拔为骑兵第6师第18团上校团长。

1936年12月初，张学良在西安再三苦谏蒋介石停止内战未果，决定"兵谏"。12月8日，张学良召白凤翔、刘桂五等人商讨，决定由东北军骑兵第6师师长白凤翔、卫队2营营长孙铭久等人和刘桂五共同行动。12月12日，刘桂五与白凤翔等人率部突袭华清池，顺利捉蒋，刘亲手将蒋介石"请"上车。西安事变促成国内停止内战、一致对外。12月14日，刘桂五被张学良提拔为骑6师少将师长。

1937年七七事变爆发，消息传来，刘桂五立即请缨抗战。8月8日，刘桂五率骑6师加入了以马占山为首的东北挺进军，开赴前线抗击日本侵略军。多年盼望为国效忠的机会终于来到，刘桂五非常高兴，他在给兄弟刘桂中的信中写道："弟此次出发抗日不成功则成仁，成功则到老家相见，成仁则到九泉相见，望兄安心理家勿以弟为念。"

全面抗战爆发后，第7军团总指挥兼绥远省主席傅作义率部在平绥线和山西抗击日军，刘桂五的骑 6 师担负起了保卫绥远的重任。他率部在绥远前线与日军浴血苦战了 8 个月之久，屡挫敌锋。

包括刘桂五骑兵第 6 师在内的东北挺进军不断发展壮大，使日军惊恐异常。1938 年 4 月 15 日，马占山率部迫近日军巢穴张北，日军调集多支战斗力量迎击。双方激战 5 昼夜，马部给敌人以重创，但自己亦弹粮将尽，遂由武川向西撤，以待整军再战。

1938 年 4 月 21 日夜，马部在今内蒙古包头市固阳县红油杆子村宿营时，被日军包围。刘桂五指挥警卫队反复冲杀，直至次日早晨，终因寡不敌众，所部被敌人打散。刘桂五在战斗中被敌人的炮弹炸成重伤，但依然拿手枪坚持作战，后因伤势过重，壮烈殉国。6 月 9 日，国民政府在西安革命公园为刘桂五举行追悼大会，八路军总司令朱德、副总司令彭德怀及陕西各界代表都赠送挽联、发表讲话，颂扬抗日英雄。

新中国成立后，陕西省人民政府追认刘桂五为革命烈士，其灵柩也迁入西安南郊的革命烈士陵园。在纪念西安事变 25 周年之际，烈士陵园为刘桂五举行了立碑典礼。

内蒙古自治区党史学会常务理事赵殿武，长期进行刘桂五将军事迹的寻访和调查考据工作。他说：“作为后来人，应该向烈士大无畏的牺牲精神致敬。这种精神时刻提醒我们勿忘历史，奋发图强。”

叶成焕

一个很好的布尔什维克

叶成焕，1914 年生，河南新县人。1929 年参加革命，同年加入中国共产党。抗日战争爆发后，任八路军第 129 师 386 旅 772 团团长。1938 年 4 月，叶成焕在对日战斗中壮烈牺牲，年仅 24 岁。

“祖父用自己的鲜血证明对党的忠诚，对人民的挚爱。他虽然壮烈牺牲了，但是留给我们后人的精神财富却是永恒的，永远激励着我们听党的话，跟着党走。”抗日虎将叶成焕的侄孙叶道根聊起祖父的英雄事迹依然自豪。

叶成焕，1914 年生，河南新县人。1929 年参加革命，同年加入中国共产党。1930 年参加鄂豫皖红军，先后任指导员、营政委、团政委、师长、师政委等职，率部屡挑重担，屡建战功，是红四方面军的一员虎将。抗日战争爆发后，任八路军第 129 师 386 旅 772 团团长，率部先后参加了长生口、神头岭、响堂铺等著名战斗，为 129 师在全面抗战初期的“三战三捷”做出了重大贡献。

1938 年 4 月初，日军调集 3 万余人的兵力分 9 路向晋东南大举进犯。4 月 15 日，侵占武乡县城的日军 3000 余人，北犯榆社再次扑空，只得折回武乡，当日黄昏又放弃武乡，连夜沿浊漳河东撤。第 129 师师长刘伯承决心抓住这一有利战机，集中优势兵力迅速发起追击，在运动中歼灭这股日军。叶成焕率第 772 团等部为左纵队沿浊漳河北岸山地实施追击。16 日晨，与其他部队一起在武乡以东的长乐村将东撤的日军大部截住，迅即发起攻击，将日军截为数段，压缩到狭窄的河谷里。至 17 时，第 129 师部队已将被围困于河谷里的日军基本歼灭。

这时，有千余敌人从辽县来援。鉴于全部歼灭该敌已无把握，刘伯承决定以一部分兵力迷惑牵制敌人，主力立即撤出战斗。叶成焕接到命令后，一面指挥部队打扫战场，装运胜利品，迅速撤离；一面跑上一个高坡，观察敌人增援部队的情况，看看有没有机会消灭一部分援敌，完全把自己的安危置之度外。突然，一颗子弹射中了他的头部。当战士们抬着他后撤时，他留下的最后一句话是：“队伍，队伍呢？”18 日凌晨，叶成焕壮烈牺牲，年仅 24 岁。

朱德总司令特地从八路军总部赶来，向这位著名战将的遗体告别。刘伯承师长在追悼大会上说：叶团长参加革命后，党培养了他，他没有辜负党的教育，终于成为一个很好的布尔什维克！

叶成焕烈士遗体葬在山西榆社县郝北村，新中国成立后迁葬河北省邯郸市晋冀鲁豫烈士陵园。在他的家乡新县，其英雄事迹一直陈列在鄂豫皖苏区首府烈士陵园，教育激励着新县的父老乡亲们。

周建屏

戎马一生　抗日到底

周建屏，祖籍江西金溪，1892 年生于云南宣威。1926 年入黄埔军校学习，1927 年加入中国共产党。

全面抗日战争爆发后，周建屏任八路军第 115 师 343 旅副旅长，参加平型关战役。

1937 年 11 月，周建屏任晋察冀军区 4 分区司令员，奉聂荣臻司令员的命令，扩大与整编部队，率部参加晋察冀根据地粉碎日军“八路围攻”的战斗。1938年6月13日，周建屏旧伤复发不治去世。

英烈语录

你们替我转告官兵和民众，要抗日到底……

——周建屏

一个马鞍和一条木板，这是周建屏留在故居仅有的遗物。这座故居 5 年前翻修，列为云南省宣威市文物保护单位和曲靖市爱国主义教育基地，每年都会有众多学生及干部群众前来参观。

“你们替我转告官兵和民众，要抗日到底……”这是周建屏最后的遗言。戎马倥偬 30 年，周建屏先后 7 次负伤。由于艰苦的战争环境和频繁的转战、作战，最终旧伤复发不治去世。但他的英雄事迹，却如一座丰碑，激励着后人。

周建屏，祖籍江西金溪，1892 年生于云南宣威。1909 年考入云南讲武堂，并加入云南新军，先后参加了护国运动、护法运动以及讨伐陈炯明叛乱。1926 年经周恩来推荐进入黄埔军校学习，参加北伐战争。1927 年春经朱德介绍加入中国共产党，并转入朱德军官教导团。

大革命失败后，周建屏参加南昌起义。1929 年，被党派遣到方志敏领导的赣东北根据地工作，先后被任命为红军团长、师长。1934 年 2 月，周建屏参加第二次全国苏维埃代表大会，当选为中央执行委员。10 月中央红军开始长征，周建屏率红 7 军团第 24 师掩护主力红军离开苏区后，留在根据地坚持游击战争，1936 年到达延安。

全面抗日战争爆发后，周建屏任八路军第 115 师 343 旅副旅长，率部开赴晋东北抗日前线，参加平型关战役。后率部挺进五台山至河北阜平一带，发动群众，开展敌后游击战争，建立敌后抗日根据地。

1937 年 11 月，以聂荣臻为司令员兼政治委员的晋察冀军区成立，周建屏任晋察冀军区 4 分区司令员，并奉聂荣臻司令员的命令，扩大与整编部队。不久，他率部参加晋察冀根据地粉碎日军“八路围攻”的战斗。

1938 年 4 分区司令部迁至太行山东麓的河北平山县小觉镇。周建屏率领分区机关和部队，在日伪军残酷的“封锁”“分割”“扫荡”和“蚕食”的极端困难条件下，宣传群众，支持群众开展减租减息，帮助地方发展生产，建立抗日民主政权，动员群众踊跃参军，建立地方抗日武装，壮大我主力部队，开创和巩固了模范抗日根据地。

1938 年 6 月 13 日，周建屏旧伤复发不治去世。当地群众在太行山上的小觉镇为他建起一座烈士墓。日军先后 3 次扫荡小觉镇时炸毁周建屏烈士墓，可是群众又 3 次修复起烈士墓。新中国成立后，周建屏的遗骨移葬于华北军区烈士陵园。

2018 年是周建屏牺牲 80 周年，他 68 岁的外孙女周荣带着 88 岁的母亲，已经 3 次前往小觉镇。“他是英雄，了不起的英雄，为了革命牺牲了一切。作为后代，我们要向他学习。”

宣威市倘塘镇文化广播电视服务中心主任丁惠仙说：“周建屏是我们家乡家喻户晓的人物，提到他我们都感到很自豪，他是我们宣威的一位榜样、一位英雄。”

英烈遗风照前程

宣侠父

宣侠父，1899 年 12 月出生于浙江省诸暨县（现诸暨市），1923 年在杭州加入社会主义青年团，不久转为中国共产党党员。1938 年 7 月 31 日，宣侠父被蒋介石指派的特务秘密杀害。图为宣侠父（前右）一家在西安合影。

英烈语录

人民渐自梦中回，革命呼声惊似雷。同志如今须记取，自由要用血争来。

——宣侠父

宣侠父故居、民风广场、长澜老街、文化礼堂、生态生产公园、农贸市场……为纪念革命烈士宣侠父而命名的浙江诸暨市店口镇侠父村，公共设施建设如火如荼，现代乡村雏形渐显。

宣侠父，1899年12月出生于浙江省诸暨县（现诸暨市），1920年获准公费赴日本留学。因为参加留日学生爱国运动，于1922年被迫回国。1923年在杭州加入社会主义青年团，不久转为中国共产党党员。

1924年，宣侠父考入黄埔军校第一期。但因触怒蒋介石，被开除学籍、勒令离校。1925年春，经李大钊推荐，宣侠父赴张家口冯玉祥的国民军中做部队文教工作。同年10月，随国民军2师西征到兰州。同年冬，参与创建甘肃第一个党组织——中共甘肃特别支部，任支部委员。

大革命失败后，宣侠父于1927年8月回到家乡，参与组织和领导当地农民运动。1929年到山东冯玉祥部队从事兵运工作，1931年初任国民党25军总参议，利用合法身份在该部队秘密建立中共党组织，开展抗日救国活动。

九一八事变后，宣侠父在南京、山西晋城、张家口等地联络抗日反蒋活动，推动冯玉祥等建立抗日同盟军。1933年初任孙殿英部第41军秘书长。1934年春，宣侠父与吉鸿昌等在天津组织“中国人民反法西斯大同盟”，并陪同吉鸿昌到上海履行秘密入党手续。同年夏，调至中共上海中央执行局特科，从事党的秘密工作。1935年到香港联络抗日反蒋，争取李济深等成立民族革命同盟。在香港期间，他担任中共南方工作委员会领导人，积极开展抗日统战工作。1936年两广事变后，参与重建第19路军，任政治部主任兼 61 师参谋长。

西安事变后，宣侠父被调到西安协助周恩来工作。1937 年 5 月赴延安出席中国共产党全国代表会议。9 月，任 18 集团军（八路军）高级参议，从事国民党上层的统战工作，先后向胡宗南、李宗仁、冯玉祥等宣传团结抗日、共御外敌的主张。

1938 年 7 月 31 日，宣侠父被蒋介石指派的特务秘密杀害。

英烈遗风，照亮前程。侠父村党支部书记王祖海说，侠父村的宣姓村民，依然恪守传承着“奉先思孝，处下思恭；倾己勤劳，以行德义”的家训。2012 年建成的宣侠父故居，作为绍兴市爱国主义教育基地，也一直吸引着后人来此缅怀先烈英雄事迹，传承红色精神。

八女投江

宁死不屈的如花战士

抗日战争时期，以冷云为首的东北抗日联军8名女官兵，在顽强抗击日本侵略军的战斗中投江殉国，表现了中华民族同敌人血战到底的英雄气概，在人民群众中广为传颂。她们是第2路军第5军妇女团的政治指导员冷云，班长胡秀芝、杨贵珍，战士郭桂琴、黄桂清、王惠民、李凤善和被服厂厂长安顺福。

图为位于牡丹江市江滨公园的“八女投江”群雕。

英烈语录

同志们，我们是共产党员、抗联战士，宁死也不做俘虏！为祖国的解放而战死，是我们最大的光荣！

——冷云

深秋时节，牡丹江的支流——乌斯浑河在漫漫草木枯黄中静静流淌。“乌斯浑”是满语，有凶狠的河流之意。80 年前，这条裹挟着侵华日军罪恶子弹的凶狠之河，吞噬了 8 条宁死不屈的如花生命。而今，“八女投江”纪念碑矗立在乌斯浑河东岸，透过历史的尘烟，深情凝望着这片承载过血与火的土地锻铸出富饶与祥和。

抗日战争时期，以冷云为首的东北抗日联军 8 名女官兵，在顽强抗击日本侵略军的战斗中投江殉国，表现了中华民族同敌人血战到底的英雄气概，在人民群众中广为传颂。她们是第 2 路军第 5 军妇女团的政治指导员冷云，班长胡秀芝、杨贵珍，战士郭桂琴、黄桂清、王惠民、李凤善和被服厂厂长安顺福。

冷云，原名郑志民，1915 年生，黑龙江省桦川县人。1931 年入桦川县立女子师范学校读书。九一八事变后，她积极参加抗日救国活动。1934 年加入中国共产党，在佳木斯从事秘密抗日活动。1936 年，她与具有爱国思想的吉乃臣（后改名周维仁）加入东北抗联第 5 军，后经组织批准两人结为革命伴侣，志同道合，共同进行抗日斗争。冷云先在军部秘书处做文化教育工作，后调到第 5 军妇女团担任小队长和指导员。1938 年夏，冷云强忍丈夫英勇牺牲的巨大悲痛，告别刚刚出生两个月的婴儿，随第 5 军第 1 师部队西征，任妇女团政治指导员。

在西征队伍中，妇女团的战士们和男战士一样跋山涉水，英勇作战；1938 年 7 月 12 日参加了攻打楼山镇战斗。是年 10 月上旬，队伍在牡丹江地区乌斯浑河渡口与日伪军千余人遭遇。已行至河边准备渡河的妇女团上述 8 名成员，为掩护大部队突围，毅然放弃渡河，在冷云率领下，分成 3 个战斗小组，与日伪军展开激战。她们主动吸引日伪军火力，使部队主力得以迅速摆脱敌人的攻击，但她们却被敌人围困于河边。

在背水作战至弹尽的情况下，面对日伪军逼降，女战士们誓死不屈。冷云坚定地对大家说：“同志们，我们是共产党员、抗联战士，宁死也不做俘虏！为祖国的解放而战死，是我们最大的光荣！”她们毁掉枪支，挽臂涉入乌斯浑河，高唱着《国际歌》，集体沉江，壮烈殉国。牺牲时，她们年龄最大的冷云 23 岁，最小的王惠民才 13 岁。

历史之河，永不停歇。30 年前，为弘扬八女英烈精神，在牡丹江市江滨公园，一座巨型“八女投江”群雕拔地而起，成为这个城市的“红色地标”。

几年前，在牡丹江市林口县，铭刻着“八女英魂，光照千秋”的“八女投江”纪念碑旁，“八女投江遗址纪念馆”正式开放。如今，纪念馆已成为远近闻名的全国爱国主义教育示范基地、国家国防教育示范基地和抗联史料研究展示中心，每年接待参观者 10 余万人次。

范筑先

铁血将军守土有责

范筑先，1882 年出生，山东馆陶（今属河北省）人。抗日战争全面爆发后，范筑先拥护中国共产党的抗日主张，留在鲁西北地区组织群众进行抗日，先后组织建立了多个县的抗日政权和抗日武装。1938 年 11 月 14 日，日军进攻聊城，范筑先率部抗击，700 多名将士大部分战死。次日，聊城被日军占领，范筑先宁死不当俘虏，举枪自尽。

英烈语录

当今之世，要救中国，要想不当亡国奴，惟有听共产党的话。

——范筑先

河北省馆陶县范筑先纪念馆内，两排红色大字“杀敌挺身甘一死，裹尸还葬足千秋”映入眼帘。一座范筑先的石膏塑像巍然屹立，500 多平方米的纪念馆内，影像、图片、文字等讲述了范筑先光辉的一生。

范筑先，1882 年出生，山东馆陶（今属河北省）人。历任炮兵营长、补充团团长、第 8 旅旅长等职。1931 年回山东，先后任第 3 路军参议、沂水县县长、临沂县县长。1936 年，任山东省第 6 区行政公署专员、保安司令兼聊县县长。

抗日战争全面爆发后，范筑先拥护中国共产党的抗日主张，留在鲁西北地区组织群众进行抗日，先后组织建立了多个县的抗日政权和抗日武装。1938 年，为策应武汉会战，先后两次组织部队攻击驻守在济南的日军。

1938 年 11 月初，毛泽东专门派人给他带去亲笔信，对其表示慰问和嘉勉。11 月 14 日，日军进攻聊城，范筑先率部抗击，700 多名将士大部分战死。次日，聊城被日军占领，范筑先宁死不当俘虏，举枪自尽。

范筑先牺牲后，国民政府特令褒扬，追晋范筑先为陆军中将。中共重庆《新华日报》发表了敬悼抗日英雄范筑先先生的时评，延安中共中央《解放》周刊发表了纪念文章《哀悼民族老英雄范筑先》。

馆陶县政协文史办原主任刘清月从事范筑先研究 30 多年。据他介绍，当时日军主力踏上齐鲁大地，国民党军队纷纷南撤，可年近六旬的范筑先却没有撤退。范筑先曾说，大敌当前，我们守土有责，不抵抗就撤走，何颜以对全国父老？范筑先在战斗中奋勇杀敌，身负重伤，最后壮烈殉国。

1988 年，为纪念范筑先殉国 50 周年，山东省聊城市在范筑先殉国的地方修建了范筑先纪念馆。2009 年，范筑先的家乡河北省馆陶县的范筑先纪念馆建成，县内一条新修建的街道被命名为筑先路。每年清明节等节日，该县都组织中小学生、机关单位工作人员来此开展纪念活动，每年游客达到2万人次。

范筑先的后人范小云表示，祖父当年为了守卫一方领土，牺牲自己生命，自己将时刻以祖父为榜样，在工作岗位上更加努力，用自己的行动让周围人生活更美好。

馆陶县是中国“粮画之乡”、中国“黄瓜之乡”。范筑先当年的奋斗精神，依然被馆陶干群不断学习传承，今日的馆陶正以全新的面貌，迅速发展。

王光宇 投笔从戎 智勇为国

王光宇，1911 年出生在吉林省德惠市岔路口乡腰窝堡屯。1933 年春加入中国共产主义青年团，同年冬加入中国共产党。1937 年 9 月任东北抗日联军第四军副军长。1938 年 12 月，在王光宇的率领下，抗联第四军到达五常县。不久，在五常县九十五顶山与敌人激战中，王光宇不幸中弹，壮烈牺牲，年仅 27 岁。

冬日的阳光照射在德惠市烈士纪念馆，透过宽大的玻璃窗，可以看到一尊半身铜像肃然矗立着。他就是冰天雪地里艰苦抗敌五年、在黑龙江五常县壮烈牺牲的抗联烈士王光宇。

王光宇，原名王明堂，又名王兴。1911 年出生在吉林省德惠市岔路口乡腰窝堡屯。早年就读于县立中学，后转入哈尔滨省立第一中学，积极参加进步学生运动。1931 年九一八事变后，加入当地反日义勇军，参加抗日武装斗争。1933 年春加入中国共产主义青年团，同年冬加入中国共产党。

1935 年 2 月后，王光宇任东北反日联合军第 5 军第 1 师 1 团政治委员、第 2 师政治部主任。1936 年 2 月，部队改编为东北抗日联军第 5 军，任第 2 师师长，率部转战于牡丹江东侧，在依兰、勃利、林口地区，进行抗日游击战争。1937 年 3 月中共吉东省委成立，被选为委员、常务委员，负责宣传工作，并任中共第 5 军党委委员。随后参与组织攻打依兰县城，任第 2 纵队总指挥，击溃敌增援部队。同年 9 月调任东北抗日联军第 4 军副军长。

1938 年，日军调集 6 万余正规部队，对三江地区实行分割包围，重点"讨伐"，企图将抗联部队"聚而歼之"。东北抗联进入极端艰苦和困难的阶段。为了粉碎日军的包围， 5 月，王光宇和军长李延平率领抗日联军四军主力从宝清出发西征，经过一个多月艰苦行军，到达牡丹江。部队稍加休整后，又继续前进，穿越了三百多里荒无人烟的高山、森林，趟过了泥泞的沼泽，于 7 月 10 日到达楼山镇附近，并迅速开展攻击。在战斗中，击毙、击伤敌人四十多名，俘敌中队长以下的军官七人，并缴获很多枪支弹药和粮食。

王光宇非常关心战士，为了解决富锦山里密营中伤病员的吃粮问题，他亲自率领战士冒着零下四十多摄氏度的严寒，顶着大风雪，到百里以外的地方去背粮。王光宇总是以革命乐观主义精神激励干部和战士前进。每当到宿营地时，他就给同志们讲革命故事和列宁、斯大林领导苏联人民闹革命的事迹，使同志们坚定抗战必胜的信心和革命到底的决心。

1938年12月，在王光宇的率领下，抗联第4军终于到达五常县。不久，在五常县九十五顶山与敌人激战中，王光宇不幸中弹，壮烈牺牲，年仅27岁。

“抗联烈士王光宇献身革命时非常年轻，没有留下后人。”德惠市民政局副局长曹希廷说，在抗日战争中，东北抗日联军与穷凶极恶的日本侵略者展开艰苦卓绝的斗争，在生与死、血与火的磨砺中熔铸成伟大的东北抗联精神。现在经常有社会各界人士到德惠市烈士陵园来参观、祭扫，抗联精神指引我们在今天更要实打实地触碰矛盾、解决问题。

赵伊坪

烈火中永生的抗日英雄

赵伊坪，原名赵廉越，1910 年生于河南郾城，1925 年加入了中国共产主义青年团，1926 年转为中国共产党党员。1939 年 3 月，中共鲁西区委领导机关随八路军 129 师先遣纵队由冠县、馆陶地区向东挺进。5 日清晨，在茌平琉璃寺一带与日军遭遇。激战至傍晚，赵伊坪多处中弹负伤坠马，落入日军魔掌。赵伊坪大义凛然，英勇不屈，壮烈牺牲，时年 29 岁。

英烈挽歌

多年来，无论身在何处，他在我幼年心灵中播下的革命理想和高尚的做人品德，都一直成为我终生不渝的追求。

——穆青

“血染黄沙誓要中华得解放，烈火永生待我九州尽欢颜”，这副悬挂在赵伊坪故居门口的对联，彰显着烈士的英勇无畏与爱国情怀。距故居不远，河南省漯河市烈士陵园内苍松环抱，翠柏林立，赵伊坪烈士的纪念碑竖立在此。而远在山东省聊城市的琉璃寺战斗纪念馆，也记载着赵伊坪的英雄事迹。每到清明节，两地人民纷纷开展纪念活动，表达对先烈的缅怀与敬仰。

赵伊坪，原名赵廉越，1910 年生于河南郾城。1925 年经彭雪枫介绍，加入了中国共产主义青年团，1926 年转为中国共产党党员。之后，他在郾城平民小学以教书作掩护，发展党员，建立党组织，成立农民协会，开展农民运动。大革命失败后，在陕西、山东、河南等地以小学和中学教师职业为掩护，从事党的地下工作。1935 年，在杞县私立大同中学担任国文教员，在学校传播马列主义，开展抗日救亡活动。

西安事变后，按照中共中央北方局华北联络局书记彭雪枫“放下教鞭，唤醒士兵参加抗战”的要求，赵伊坪到鲁西北范筑先部担任秘书科文书，开展抗日救亡运动，宣传共产党的抗日主张，揭露国民党政府实行的“攘外必先安内”政策的反动实质。在赵伊坪等共产党人的推动下，范筑先走上了与共产党合作抗日的光明之路。

1937 年底，赵伊坪到中共鲁西北特委工作，先后担任鲁西区党委委员、秘书长兼统战部部长、第六区政治部秘书长，为壮大抗日民族统一战线、巩固和发展鲁西北抗日根据地做出了重要贡献，受到党中央、毛泽东的高度评价。期间，他主持中共鲁西北特委机关报《抗战日报》和理论刊物《先锋》

月刊的工作，担任社论委员会委员，根据党的方针、政策为报纸撰写社论，使该报成为宣传党的抗日主张、鼓舞人民斗志和打击敌人的有力武器。

1939 年 3 月，中共鲁西区委领导机关随八路军 129 师先遣纵队由冠县、馆陶地区向东挺进。5 日清晨，在茌平琉璃寺一带与日军遭遇。激战至傍晚，赵伊坪多处中弹负伤坠马，落入日军魔掌。日军把他绑在树上，用皮鞭抽、刺刀戳……面对凶残的敌人，赵伊坪大义凛然，英勇不屈，痛斥日本侵略军的野蛮侵华暴行："任凭你们把我钉死在树上，我宁可站着死，不低高贵头。宁为鞭死鬼，不做亡国奴……"日军恼羞成怒，残忍地将他全身浇上汽油，放火点燃。烈焰中，赵伊坪用尽最后的气力高呼："打倒狗日本鬼子！中国共产党万岁！"残暴的日军又举起刺刀，捅进他的嘴里……赵伊坪壮烈牺牲，时年 29 岁。

为了弘扬烈士精神，漯河市"北街小学"于1996年更名为"伊坪小学"。伊坪小学校长赵洪磊说："学校建有赵伊坪烈士纪念室和伊坪书屋，成立了'红映伊坪'剧社。每逢重要时间节点，学校都会开展纪念赵伊坪烈士的活动，激发了学生们的爱国主义热情。"

邓永耀
身先士卒抗日寇

邓永耀，又名邓永辉，1912 年 1 月出生于湖南茶陵县腰陂镇大冲村（今腰潞镇珍武村）。1930 年加入中国共产党。1933 年参加红军。

全国抗日战争爆发后，邓永耀调任八路军第 129 师骑兵团政治委员，率部转战冀南一带，为开辟冀南抗日根据地做出重要贡献。1939 年初，邓永耀调任第 129 师东进纵队政治部主任。3 月 3 日晨，邓永耀率部在武邑东南徐村与日军遭遇，在激战中不幸头部和腿部中弹昏倒在地。最终，因流血过多牺牲，时年 27 岁。

在湘东山区的茶陵县，虽然抗日战争已结束七十余年，但英烈邓永耀依然被当地人民深切缅怀。

邓永耀，又名邓永辉，1912 年 1 月出生于茶陵县腰陂镇大冲村（今腰潞镇珍武村）。家庭生活贫苦，后父母因病去世，他很小就成为孤儿。

1927 年“马日事变”后，邓永耀在共产党员邓有禹的启迪下，开始从事革命活动。1928 年加入中国共产主义青年团。1930 年加入中国共产党。1931 年，在共青团茶陵县代表大会上，当选为秘书长。后任茶陵县苏维埃政府总务处长。1933 年参加红军。曾任军团政治部文书、总务处处长、军团宣传队队长、军政治部宣传部长等职。

1934 年 8 月，邓永耀随红六军团西征。1936 年 7 月，红二方面军与红四方面军在甘孜会合，他随萧克调到红四方面军工作，任师政治部主任。在长征中，邓永耀注重在部队及群众中宣传鼓动，注重社会调查，注重扩大新兵，对敌斗争坚决勇敢。

全国抗日战争爆发后，邓永耀调任八路军第 129 师骑兵团政治委员，率部转战冀南一带，为开辟冀南抗日根据地作出重要贡献。在刚进入冀南的战斗中，他带领 400 名新兵，击退了由 40 多辆汽车运载的日寇，从此以骁勇善战著称。后调任冀南第 5 支队政治委员，率部转战于武邑、阜城、枣强一带，粉碎了日、伪军多次“扫荡”。

1939 年初，邓永耀调任第 129 师东进纵队政治部主任。3 月 3 日晨，率部在武邑东南徐村与日军遭遇，他命令一部分战士掩护群众转移，一部分战士撤向邓庄村南设伏，自己带领 30 多名战士担负阻击任务。

在激战中，邓永耀打退了敌人的第一次冲锋，正准备向伏击地段转移时，不幸头部和腿部中弹昏倒在地。他在片刻的苏醒过程中，敦促战士赶快将敌人引入伏击圈，并举枪向敌人射击。最终，因流血过多牺牲，时年 27 岁。

邓永耀牺牲后，《新华日报》（华北版）于 1939 年 4 月 11 日刊载了《纪念邓永耀同志》一文，对他的抗日功绩给予了高度评价。武邑县军政民各界在他墓前立碑记述：“邓公永耀先生，江南有志之士也……领导东纵驻军来武，以身作则，英勇杀敌先后数十役……武邑群众相见最切，相感最深。”

在邓永耀家乡茶陵县，他的英勇事迹被广泛宣传。1949 年后，茶陵人民继承革命先烈遗志，发扬战争年代拼死向前的革命精神，投入创造美好生活的建设大潮之中，将一个偏僻边远的贫困县建设成了交通便捷、产业兴旺的湘赣边界中心县，并于 2018 年 6 月实现脱贫摘帽。

王根英 枪林弹雨中『逆行』

王根英，1906 年出生于上海浦东。1925 年她参加五卅反帝爱国运动，在斗争中加入中国共产党。

1938 年秋，王根英被调到八路军 129 师供给部财经干部学校任政治指导员。1939 年 3 月 8 日，师供给部和学校驻地遭日军突袭包围。在突围的危急关头，王根英发觉一个装有党内文件和公款的挎包没有带出来，毅然冲回村中去取，路上与日军遭遇，壮烈牺牲，年仅 33 岁。

中共一大会址纪念馆珍藏着这样两件文物：一个绣着图案和文字的白布书包和一块邮寄这个书包的包袱皮。这两件文物看似普通，背后却深藏一位革命母亲对幼子的深爱和挂念——这是 1935 年，一位共产党人从狱中寄给自己 6 岁儿子的。4 年后，这位母亲在日军突袭中毅然返回去取党内重要文件和公款，途中遭日军枪击壮烈牺牲，年仅 33 岁。她就是王根英烈士。

王根英，1906 年出生于上海浦东，9 岁起在外商纱厂当童工。1925 年她参加五卅反帝爱国运动，在斗争中加入中国共产党。

1927 年 4 月下旬，王根英作为上海代表，赴武汉参加党的第五次全国代表大会，随后出席全国第四次劳动大会，同时作为中国工人阶级的代表出席了在汉口召开的国际工人太平洋劳动大会。

在此期间，王根英与陈赓相识，并结为夫妻，不久奉命回到上海，在党中央机关担任地下交通工作。陈赓也辗转来到上海，在中共中央特科负责领导情报工作。在异常艰险的环境中，在特殊的秘密战线上，王根英全力掩护和协助陈赓的工作，为党中央提供了许多重要情报，营救了大批被捕的同志，保卫了党中央和中央领导人的安全。

1932 年，王根英担任全国总工会组织委员、女工部部长，积极组织领导上海工人运动。1933 年 12 月，由于叛徒出卖，王根英被捕入狱。在狱中，面对敌人的酷刑和非人的折磨，她坚贞不屈，与帅孟奇等共产党员一起，同敌人进行了艰苦斗争。在狱中，王根英也惦念着自己的家、自己的孩子。中共一大会址纪念馆珍藏的布书包就是王根英在南京老虎桥监狱中缝制的。

全国抗战爆发后，经党组织营救，王根英被释放出狱。1938 年秋，王根英被调到八路军 129 师供给部财经干部学校任政治指导员。1939 年 3 月 8 日，师供给部和学校驻地遭日军突袭包围。在突围的危急关头，王根英发觉一个装有党内文件和公款的挎包没有带出来，毅然冲回村中去取，路上与日军遭遇，壮烈牺牲，年仅 33 岁。

王根英为了革命事业，随时能忘我地抛下一切，不顾危险、也不惧危险。“这就是‘初心’！对于那些为了我们国家，为了我们党的事业献出生命的先辈来说，初心融入血液，体现在一次次舍小家为大家的人生选择上。”纪念馆陈列研究部副主任张玉菡说。

2018 年“七一”，中共一大会址纪念馆内的“忠诚与信仰”情景党课新加入了根据藏品改编的“王根英的书包”这个故事；同时，“忠诚与信仰”微广播剧也在通过网络，将王根英烈士的坚强精神和深厚母爱，向更多人讲述。

翁泽生
为振兴中华奋斗一生

翁泽生，1903年生于台北，祖籍福建同安。早在青少年时代，他就在台湾积极参加和组织了一系列抗日爱国活动。

1925年7月，翁泽生经瞿秋白介绍加入中国共产党。1933年3月，由于叛徒出卖，翁泽生在上海被捕，后被押往台北日本监狱。由于长期遭受折磨，翁泽生肺结核严重恶化。1939年3月1日，他获准保外就医，但已奄奄一息，当月19日在台湾病逝，时年36岁。

英烈挽歌

他到死还坚持着共产党员的高尚气节。

——陈云、廖承志

“父亲曾把名字改为翁振华。他以振兴中华为己任，为之奋斗一生。”台湾爱国先烈翁泽生之子林江说。

翁泽生，1903 年生于台北，祖籍福建同安。早在青少年时代，他就在台湾积极参加和组织了一系列抗日爱国活动。为反抗日本殖民教育，他在父亲安排下到厦门读书，1924 年毕业于厦门集美中学，同年考入厦门大学。

1925 年，翁泽生转入上海大学学习，积极参与反对帝国主义的五卅运动，并主动请缨返台，宣传五卅运动。翁泽生在台湾宣传祖国的反帝革命斗争，对台湾民众开展的反日活动产生了积极影响，被日本殖民当局以“宣传共产主义”的罪名通缉。

1925 年 7 月，翁泽生经瞿秋白介绍加入中国共产党。1927 年，他受委派到漳州、厦门建立共产党地方组织，并当选中共闽南特委委员，发展共产党员，创建党团组织，指导学运、工运，创办工农运动讲习所。1928 年 4 月，台湾共产党成立，翁泽生是创建人之一，并被选为候补中央委员，留沪负责“台共”和中共中央的联络工作，期间翁泽生在组织领导“八·一”反战斗争活动中被当局以“宣传共产主义”罪名逮捕，判刑一年，经组织营救于 1929 年 12 月获释。

1931 年，翁泽生赴两广任中央巡视员。1932 年下半年，他从广州调到上海，任中华全国总工会党团秘书长，与陈云、廖承志等一起指导各地工人斗争，成为中国工人运动的重要活动家。

1933 年 3 月，由于叛徒出卖，翁泽生在上海被捕，后被押往台北日本监狱。长达 6 年的牢狱生活中，面对日寇严刑拷打、威逼利诱，他始终坚贞不屈，用生命捍卫党的组织秘密。

由于长期遭受折磨，翁泽生肺结核严重恶化。1939 年 3 月 1 日，他获准保外就医，但已奄奄一息，当月 19 日在台湾病逝，时年 36 岁。

1927 年 9 月，翁泽生的儿子林江在上海出生，不久就在母亲怀里参加了台湾共产党的建党筹备会，后被送回台湾老家。9 岁那年，林江随母亲到台北探监，隔着两重铁栏杆见到父亲。

虽然后来为了革命活动改了名，但林江一直记得，父亲为他起名“翁黎光”的深意：“父亲相信黎明之光就要到来，革命在我这一代一定会成功。”

翁泽生被台湾民众公认为是“一位有骨气的真正的爱国者”，他的战友陈云、廖承志赞叹“他到死还坚持着共产党员的高尚气节”。1975 年，翁泽生被追认为革命烈士。

“两岸民众不会忘记翁泽生的革命事迹。”林江说，他在中国人民抗日战争纪念馆、福建省革命历史纪念馆、厦门大学革命史展览馆里，都看到了父亲的事迹介绍，漳州烈士陵园也有翁泽生塑像。

2018 年 5 月，林江的儿子翁朝阳带着妻子，前往台湾桃园忠烈祠抗日馆祭拜祖父翁泽生。“台湾人的命运和祖国的命运息息相关，我们要把爱国传统一代代传下去。”林江说。

陈安宝
日寇未灭，何以家为

陈安宝，字善夫，1891 年出生于浙江黄岩。1916 年毕业于保定陆军军官学校步科第 3 期。

全国抗日战争爆发后，陈安宝率部参加淞沪会战，因战功升任第 29 军军长兼第 79 师师长。

1939 年 3 月，陈安宝率部参加南昌战役。5 月 6 日拂晓后，日军向陈安宝部发起攻击，部队伤亡十分惨重。午后 5 时，日军突破中国军队左翼龙里张阵地，双方进入白刃格斗，陷入混战状态。陈安宝带着随从冒着日机的轰炸赶往督战。途中，不幸中弹牺牲。

英烈语录

此战是与日寇搏斗，交火后，不要怕伤亡！

——陈安宝

金菊满地祭英烈，万里长空思忠魂。当下时节，浙江台州市民时常前往位于凤凰山的陈安宝烈士纪念园，瞻仰这位以身殉国的抗日名将。

沿凤凰山拾级而上，两侧是各界人士为烈士题写的挽词。山顶墓碑前，矗立着一座 5 米高的石柱，上书“抗日名将陈安宝之墓”九个大字。凤凰山下，横街镇秀丽的景色尽收眼底。今世繁华，告慰着烈士的英灵。

陈安宝，字善夫，1891 年出生于浙江黄岩横街乡马院村（现属台州市路桥区横街镇）。1916 年毕业于保定陆军军官学校步科第 3 期，在浙江陆军第 2 师任排、连长。1926 年第 2 师改编为国民革命军第 26 军，陈安宝任营长，参加北伐战争。1930 年后任团长、旅长。1933 年任第 79 师副师长，1935 年升任师长。

全国抗日战争爆发后，陈安宝率部参加淞沪会战，因战功升任第 29 军军长兼第 79 师师长。

1939 年 3 月，陈安宝率部参加南昌战役。5 月 6 日拂晓后，日军向陈安宝部发起攻击，部队伤亡十分惨重。午后 5 时，日军突破中国军队左翼龙里张阵地，双方进入白刃格斗，陷入混战状态。陈安宝带着随从冒着日机的轰炸赶往督战。途中，不幸中弹牺牲。

1939 年夏，陈安宝的灵柩被运回家乡，安葬在家乡的凤凰山，沿途数万群众设祭。

1983 年 12 月，浙江省人民政府批准授予陈安宝革命烈士称号。1984 年 4 月，黄岩县决定，将抗战初期陈安宝捐资重建的作新小学，恢复命名“安宝小学”。路桥区政府将镇广场命名为“安宝广场”。陈安宝的英雄事迹，也编写为乡土教材，作为“开学第一课”进入路桥中小学课堂。

位于凤凰山的陈安宝烈士纪念园由烈士纪念馆、故居和烈士陵园三部分组成。纪念馆于 2014 年 9 月落成，建筑面积 1600 平方米。走进纪念馆，陈安宝将军纵马扬鞭、驰骋疆场的铜制雕像首先跃入眼帘。馆内史料讲述着陈安宝将军的报国人生，参观者无不满怀敬意、感佩连连。

每年清明节，路桥区都会举行公祭仪式，缅怀这位为国捐躯的英烈。在九一八“国难日”、9 月 30 日烈士纪念日、南京大屠杀死难者公祭日等重要日期，当地民众都会自发前往，举行纪念活动，追忆当年革命烈士浴血奋战的英雄事迹。

陈安宝烈士纪念馆负责人徐玮玮说，每次经过安宝广场，远远看到庄严肃穆的纪念馆，心中敬意油然而生。陈安宝将军精忠报国、不怕牺牲的大无畏精神，将永远激励家乡干部群众爱国爱乡、爱岗敬业，把脚下的这片土地建设得更加繁荣。

南洋华侨机工回国服务团
抗日烽火中的赤子壮歌

全面抗战爆发后，3000多名南洋华侨机工回到祖国参加抗日，在滇缅公路投入抗战运输工作，被称为“南洋华侨机工回国服务团”。据统计，从1939年到1942年，滇缅公路共抢运约50万吨军需物资，其中很大部分是由南侨机工运送的，他们为抗战作出了重要贡献。

图为2015年9月8日，南洋华侨机工抗日纪念碑瞻仰活动在云南省昆明市西山森林公园举行，参加活动的全体人员在南洋华侨机工抗日纪念碑前默哀。

英烈语录

海外归来志未酬，风尘仆仆群山头。轮盘日夜无停息，不复山河誓不休！

——南侨机工倪鸿声

在全民族抗战中，海外侨胞与祖国人民同声相应、并肩战斗，呈现出空前的抗日救国大团结局面，涌现出无数可歌可泣的英雄人物和事迹，南洋华侨机工（简称“南侨机工”）回国服务团就是其中的一个典型。

全面抗战爆发后，沿海重要港口基本沦陷，西北公路和滇越铁路也先后断绝。经过滇西各族人民艰苦卓绝的努力，中国于 1938 年 8 月修通了一条从昆明至缅甸的滇缅公路，成为当时中国和外部世界联系的重要国际运输通道，不仅要抢运军需物资，还要运输工业生产原料和大后方人民的生活物品。

滇缅公路修通后，熟练的司机和技工十分紧缺。著名爱国侨领陈嘉庚先生得知祖国需要大量汽车司机和修理人员，发布南侨总会第六号通告，号召华侨中的年轻司机和技工回国服务，共拯危亡。马来西亚、新加坡、泰国、缅甸、越南、菲律宾、印度尼西亚、印度等国华侨热烈响应，3000 多名南洋华侨机工于 1939 年分 9 批回到祖国参加抗日，在滇缅公路投入抗战运输工作，被称为“南洋华侨机工回国服务团”。

当时的滇缅公路，是抗战爆发后紧急抢修的简易公路，翻越高黎贡山等崇山峻岭，横穿怒江、澜沧江、漾濞江等急流险滩，道路极为险峻。老机工罗开瑚曾回忆道：“最危险的路段要数南天门，又窄又陡，旁边就是悬崖，看不到底。车上必须带跳板，遇上窄路时随时铺设，让车轮凌空开过去。”

公路不少地段瘴气肆虐，日军飞机的狂轰滥炸更是家常便饭，机工的牺牲率很高。就是在这样险恶的条件下，南侨机工夜以继日，出生入死地运送抗战物资。南侨机工倪鸿声曾写下诗句：“海外归来志未酬，风尘仆仆群山头。轮盘日夜无停息，不复山河誓不休！”

据统计，从 1939 年到 1942 年，滇缅公路共抢运约 50 万吨军需物资，其中很大部分是由南侨机工运送的，他们为抗战作出了重要贡献，体现了海外侨胞与祖国同呼吸、共命运的崇高爱国主义情怀。

1985 年，云南省政府为南侨机工修建了一座“南侨机工抗日纪念碑”，碑文上这样写道：“当年回国服务的南侨机工共有三千多人。有一千多人因战火、车祸和疾病为国捐躯，另有一千多人在战后回到居住国，而剩下来的一千多人则一直留了下来……”

近年来，为铭记这段历史，云南省昆明市专门设立了“南侨机工历史文化社区”，以图文和声光电手段，生动再现南侨机工回国服务团舍生忘死的故事。此外，当地还提速抢救真实反映这段历史的“南侨机工档案”。

云南省档案局副局长段俐娟介绍，经过积极申报，2002 年，“抗战时期华侨机工支援抗战运输档案”入选第一批《中国档案文献遗产名录》；2018 年 5 月，“南侨机工档案”成功入列《世界记忆亚太地区名录》。“希望通过抢救保护和利用，更好地记录这场华侨史上最为集中、组织最为有序、经历最为悲壮的爱国运动。”

南侨机工后人徐宏基说，当年父辈们放弃相对优渥的生活，义无反顾回国投入艰苦的抗战事业，那一颗颗赤子之心可歌可泣，令人肃然起敬。“我们一定会继承和发扬先辈的爱国精神，为民族复兴努力奋斗。”

涂正坤

艰苦卓绝洒热血 感天动地忠烈心

涂正坤，1897 年 11 月出生于湖南省平江县。1925 年 5 月加入中国共产党，1927 年 9 月参加毛泽东领导的湘赣边界秋收起义。秋收起义军失利后，他带领参加起义的平江农民暴动队员转移到平江东部连云山一带打游击。1939 年 6 月 12 日，国民党顽固派军队秘密包围平江新四军通讯处，制造了震惊全国的平江惨案，涂正坤在这次惨案中壮烈牺牲，时年 42 岁。

英烈语录

在国难中惹起内讧，江河不洗古今憾；于身危时犹明大义，天地能知忠烈心。

——涂正坤

在湖南岳阳平江县，先烈涂正坤的英勇事迹多年来被广泛传颂。

涂正坤，1897 年 11 月出生于湖南省平江县。1925 年 5 月加入中国共产党，1927 年 9 月参加毛泽东领导的湘赣边界秋收起义。秋收起义军失利后，他带领参加起义的平江农民暴动队员转移到平江东部连云山一带打游击。1928 年 2 月，任中共平江第四区区委书记兼游击队党代表。

1928 年 7 月，涂正坤率游击队策应彭德怀、滕代远、黄公略等领导的平江起义，参与创建红五军和开辟湘鄂赣根据地的斗争。1930 年 5 月，率领全县游击队、赤卫队及工农群众 10 余万人，支援和配合红三军团攻打长沙。

七七事变爆发后，党中央派人到湘鄂赣省委，传达中央有关指示。涂正坤与傅秋涛按中央要求，同国民党军政当局进行谈判，建立了湘鄂赣苏区抗日民族统一战线。

1937 年底，中央决定湘鄂赣红军游击队编入新四军序列，由傅秋涛率领开赴江南抗日前线作战，湘鄂赣省委改为特委，涂正坤任特委书记，留在后方坚持斗争，任新成立的新四军平江留守处（后改为通讯处）主任。

涂正坤坚决执行中央决定，同湘鄂赣特委和新四军平江留守处其他同志一道，全力投入湘鄂赣边区的抗日救亡斗争，他们一方面迅速整顿、恢复和发展党的组织；另一方面广泛宣传党的抗日民族统一战线主张，发动人民群众支援抗战、参加抗战。1939 年 1 月，国民党五届五中全会确定了“溶共”“防共”和“限共”的反动方针，各地接连发生袭击、杀害共产党领导的抗日军民的反共摩擦事件。1939 年 6 月 12 日，国民党顽固派军队秘密包围平江新四军通讯处，制造了震惊全国的平江惨案，涂正坤在这次惨案中壮烈牺牲，时年 42 岁。

涂正坤被杀害后，他的妻子朱引梅和儿子涂明涛在乡亲们的全力掩护下才得以逃出虎口。涂明涛常常教育子女一定要遵纪守法，要时刻牢记自己是烈士后人，发扬革命传统。

“我为我们家有这样的先辈感到骄傲和自豪。”涂重阳谈起爷爷涂正坤时表示，自己会秉承先辈遗志，将所有热情投入到为人民服务的工作中，坚定信仰，担当好新时代的使命。

丁思林
『模范青年团』团长

丁思林，1913 年 4 月出生在湖北黄安（今红安）县丁家岗一个贫苦农民家庭。1933 年 9 月加入中国共产党。1935 年参加长征。

1939 年 7 月 5 日，日军 109 师团 107 联队 3000 多人向晋东南抗日根据地进行大“扫荡”。6 日，丁思林率新 1 团在云族镇同敌人激战两天。8 日，日军纠集兵力再次发动进攻，为掩护部队撤退，他主动阻击日军进攻。激战中，丁思林头部中弹，壮烈牺牲，时年 26 岁。

图为丁思林的画像。

英烈挽歌

不仅是一个英勇顽强、机动灵活的好的指挥员，而且从十年的斗争中，锻炼出了他的忠于民族、忠于劳动人民、忠于党的坚强的意志。

——邓小平《悼丁思林同志》

不久前的深秋时节，记者走进大别山革命老区的湖北省红安县杏花乡隗店村丁家岗时，只见一派繁忙的丰收景象——村前的田地里，几位农民正在忙着挖红薯，不远处几台收割机正在稻田收割晚稻，村湾里还有几户人家正在翻新加盖小洋房。这个小山村，是抗日英烈、原八路军 129 师 386 旅新 1 团团长丁思林的家乡。

丁思林，1913 年 4 月出生在湖北黄安（今红安）县丁家岗一个贫苦农民家庭。1933 年 9 月加入中国共产党。1932 年 5 月参加红军。曾任班长、排长、连长、营长。1934 年后，任红四方面军第 31 军第 93 师第 274 团参谋长、第 271 团团长。1935 年参加长征。

全国抗日战争爆发后，丁思林任八路军第 129 师 386 旅 772 团 1 营营长。1938 年 9 月，任 386 旅新 1 团团长。他以英勇的精神和紧张的工作，协同与团结全团官兵，把一个新的部队，锻炼成一个有战斗力的、富于我军优良传统的主力团。1939 年 2 月，在曲周县香城固的伏击战中，全歼日军安田中队和 40 联队补充大队，打死日军 250 余名，俘虏 8 名，毁掉汽车 9 辆，缴获火炮 3 门，枪百余支，粉碎了敌人破坏冀南根据地的阴谋。因表现出色，新 1 团被八路军总司令朱德赞誉为“模范青年团”，后又被八路军前方总部授予“朱德青年团”的光荣称号。

1939 年 7 月 5 日，日军 109 师团 107 联队 3000 多人向晋东南抗日根据地进行大“扫荡”。6 日，丁思林率新 1 团在云族镇同敌人激战两天。8 日，日军纠集兵力再次发动进攻，为掩护部队撤退，他主动阻击日军进攻。激战中，丁思林头部中弹，壮烈牺牲，时年 26 岁。

为了表达对丁思林的哀思，时任八路军 129 师政委的邓小平在《新华日报》（华北版）上发表《悼丁思林同志》一文，赞扬他“不仅是一个英勇顽强、机动灵活的好的指挥员，而且从十年的斗争中，锻炼出了他的忠于民族、忠于劳动人民、忠于党的坚强的意志。同时他还富有青年的突击精神，勇于任事、不怕困难、奋勉前进的特质”，因此，他为上级同级所信赖，为下级所尊敬，他的牺牲，“是全师的重大损失”。

如今在湖北省黄冈市司法局工作的丁思林的侄儿丁鸿鸣告诉记者，小时候经常听父亲讲二伯丁思林的英雄事迹，从小就立下了像二伯那样“为了崇高信仰而奋斗”的志向。

而烈士的故乡丁家岗，也早已不再是贫穷落后的山沟村，在时代的春风里成为了一座山清水秀、群山环拱、日渐富足的美丽村庄。

马耀南

投笔从戎　赤诚报国

马耀南，1902 年出生在山东省长山县北旺庄（今淄博市经济开发区北郊镇北旺村）。1933 年，马耀南任长山中学校长，秉持教育救国的理念。1937 年 12 月，马耀南参加黑铁山武装抗日起义，成立清河平原上中国共产党领导下的第一支抗日武装。1938 年 6 月起义部队编为八路军山东人民抗日游击第 3 支队（后改称八路军山东纵队第 3 支队），马耀南任司令员。同年 10 月加入中国共产党。1939 年 7 月 22 日，马耀南在桓台牛王庄战斗中遭敌伏击，壮烈殉国，时年 37 岁。

英烈语录

全国已入血战状态，自顾尚在此安逸消闲，能不愧死？

——马耀南

在山东省淄博市经济开发区北郊镇北旺村，一提起抗日英雄马耀南这位“马司令”，村民都能讲出关于他的故事。每年都有干部、群众来到马耀南故居，缅怀这位抗日爱国英雄。

马耀南，1902 年出生在山东省长山县北旺庄（今淄博市经济开发区北郊镇北旺村）。1930 年毕业于天津北洋大学机械工程系。学生时代积极投身反帝爱国运动，与进步同学一起组织反日会，到街头、农村宣传抗日救国，抵制日货。曾担任北洋大学学生联合会和天津市学生联合会的负责人。

1933 年，马耀南任长山中学校长，秉持教育救国的理念。卢沟桥事变爆发后，他对日本军国主义的侵略暴行万分愤慨。他在日记中写道：“全国已入血战状态，自顾尚在此安逸消闲，能不愧死？”下定决心投入抗战的洪流。鉴于马耀南的抗日热忱，中共山东省委在制定抗日武装起义计划时，将长山中学作为重要的据点，在该校成立了党小组，直属省委领导，一批中共党员在该校担任教员，培养训练抗日干部。期间，马耀南表示：“哀莫大于心死，苦莫过于国亡，愿尽自己的力量，通过学生、教员发动抗战，愿意接受共产党的领导。”并参加了中华民族解放先锋队。他以教学改革的名义对课程进行调整，大量充实抗战救国的内容。又以办民众夜校的名义开办游击干部训练班，由共产党人讲授军事、政治课。后来其中不少人成为武装起义的骨干和附近各县的抗日积极分子。

1937 年 12 月，马耀南参加黑铁山武装抗日起义，成立清河平原上中国共产党领导下的第一支抗日武装。在他的争取下，长山县保安大队也参加了起义部队。1938 年 6 月起义部队编为八路军山东人民抗日游击第 3 支队（后改称八路军山东纵队第 3 支队），马耀南任司令员。同年 10 月加入中国共产党。他率部与日军多次作战，围攻周村、破坏胶济路、坚守邹平城、激战刘家井子，重创敌人。

1939 年 7 月 22 日，马耀南在桓台牛王庄战斗中遭敌伏击，壮烈殉国，时年 37 岁。在他的教育影响下，他的两个弟弟马晓云和马天民也参加了八路军，并在抗战中先后为国捐躯。

为纪念马耀南的功绩，渤海区党委曾将山东省长山县改名为“耀南县”，并成立了“耀南中学”和“耀南剧团”。

如今北旺村已是当地的富裕村，大多村民都住上了楼房。“马耀南同志爱国、报国的赤诚之心一直激励着我们，他不怕牺牲、一心为国为民的精神是我们村宝贵的财富。我们也将继续以此为动力，在全面奔小康、乡村振兴中努力拼搏、奋斗。”北旺村党支部书记白新勇说。

杨裕民
抗日爱国知识分子的典范

杨裕民，又名杨十三。1889年生于河北省迁安县杨团堡村。

1937年全国性抗日战争爆发后，杨裕民加入华北人民抗日自卫会任委员，参加抗日活动。1938年春，杨裕民任冀东抗日联军第1路军政治部主任。

1939年6月，杨裕民从冀西来到太行山黎城八路军总部，他提出“必须搞工业，以保证军需”的建议得到了朱德的支持，受命在八路军总部负责军工工作。7月21日，因长期劳顿，重病积疴，医治无效病故，时年50岁。

英烈挽歌

国家在风雨飘摇之中，对我辈特增担荷；燕赵多慷慨悲歌之士，于先生犹见典型。

——毛泽东

冬日的河北省迁安市杨团堡村空气清冷，阳光温和照耀着宁静的乡村。这里曾走出了一位不平凡的人物——既是留美归国博士、中国著名造纸专家，也是大学教授、私立平民女子学校创办者，还是投笔从戎的抗日爱国志士——他，就是杨裕民。

杨裕民，又名杨十三。1889 年生于河北省迁安县杨团堡村。1906 年考入天津工艺学堂。后在南开中学、直隶省立高等工业专门学校读书。1916 年任天津直隶工业试验所化学工业科技士。1920 年赴美国学习造纸专业，获博士学位。

1924 年，杨裕民回到家乡。在父亲杨立三的支持下，创办“立三平民女子学校”。不限年龄，不论家庭贫富，学生免费入学。为了反抗男尊女卑的封建思想，他写下“女子有才便是德”的巨幅牌匾，悬挂在女子学校里。1928 年受聘于河北工学院，任教授兼斋务科主任。1931 年，首创“碱法亚硫酸盐苇浆造纸技术”。

1931 年九一八事变发生后，东北全境沦陷。杨裕民痛愤地说：“御侮复仇，非讲求武备不为功。”在他的倡导下，河北工学院特别注重军训、体育、国术，他以身作则，每晨熹微即起，与学生同拳击，数年如一日。

1937 年全国性抗日战争爆发后，杨裕民加入华北人民抗日自卫会任委员，参加抗日活动。1938 年春，中共河北省委为迎接八路军东进抗日，计划在冀东举行大规模工农武装抗日大暴动。杨裕民任冀东抗日联军第 1 路军政治部主任，参与组织发动工作。6 月，八路军由平西出发到达冀东丰润、玉田后，他率部协同作战。七八月间，与日军作战 50 余次，毙敌甚众，收复玉田等15座县城。

1939年6月，杨裕民从冀西来到太行山黎城八路军总部，他提出“必须搞工业，以保证军需”的建议得到了朱德的支持，受命在八路军总部负责军工工作。7月21日，因长期劳顿，重病积疴，医治无效病故，时年50岁。

“国家在风雨飘摇之中，对我辈特增担荷；燕赵多慷慨悲歌之士，于先生犹见典型。”在八路军总部为他召开的追悼大会上，毛泽东题写了《悼念冀东抗日英雄杨十三》的挽联。

“作为爱国知识分子的典范，杨十三可谓是倾其所有来支持抗日。”长期从事杨裕民研究的霍占良话语里满是崇敬，“他绝对当得起‘毁家纾难’这四个字。”

“那个年代，他能够毅然离开富裕的家庭，投身革命事业，很难得。”杨团堡村前党支部书记杨士民说，这种精神激励了村里的后辈。在杨裕民的影响下，杨团堡村参军的人特别多，是出名的革命老区村。

江上青

矢志不渝　救亡图存

江上青，原名江世侯。1911 年农历 4 月出生于江苏江都。1927 年加入中国共产主义青年团，从此走上革命道路。1929 年改名江上青，转为中国共产党党员，并担任“艺大”地下党支部书记，继续从事地下革命工作。1939 年 3 月，中共皖东北特委成立，江上青为特委委员。1939 年夏，江上青遭到地主反动武装袭击，身中数弹壮烈牺牲，时年 28 岁。

英烈语录

拼将瘦骨埋锋镝，常使英雄祭血衣。

——江上青

江苏省扬州市广陵区旌忠巷33号，有一座中西合璧的青砖红窗小洋房。这就是江上青烈士史料陈列馆。

江上青，原名江世侯。1911年农历4月出生于江苏江都。1927年考入南通中学高中部，受刘瑞龙、顾民元等人的革命思想影响，当年加入中国共产主义青年团，从此走上革命道路。

1928年夏，江上青转入扬州高中，同年冬被国民党当局逮捕入狱。1929年出狱后，改名江上青，就读于上海“艺大”文学系，同年转为中国共产党党员，并担任“艺大”地下党支部书记，继续从事地下革命工作。1929年冬，再次被捕，一年后出狱。

1931年九一八事变后，面对日寇侵略和国民党当局不抵抗政策所造成的深重灾难，江上青义愤填膺，饱含激情地写下长诗《前进曲》。该诗在当年广为流传，起到了唤醒民众，鼓舞抗日斗志的积极作用。此后，江上青与一批热血青年先后创办了《新世纪周刊》《写作与阅读》《抗敌周刊》等刊物，宣传马克思主义的革命道理，宣传抗日救亡、爱国主义和唯物主义思想，传播革命火种。

1937年7月卢沟桥事变后，江上青发表《卢沟晓月》，表达抗日救国的激情。全国抗战爆发后，江上青等人组织成立了“江都县文化界救亡协会流动宣传团”，从江都出发，溯江而上，广泛开展抗日宣传，组织动员民众参加抗日工作。

1938年8月，江上青遵照党的指示到安徽，在中共安徽省工委领导下，参加了安徽省抗日民众动员委员会的工作，在大别山区开展抗日宣传工作。1938年11月，皖东北地区被日军占领后，中共安徽省工委宣传部长张劲夫等派遣江上青等一批共产党员到皖东北开展工作，江上青担任国民党安徽省第六行政区专员公署专员秘书兼保安副司令、第五游击区司令部政治部主任。江上青等利用合法身份，开展抗日宣传，培训抗日干部，建立抗日武装等，并在秘密党员中建立了中共皖六区专署特别支部，江上青任特支书记。

1939 年 3 月，中共皖东北特委成立，杨纯任特委书记，江上青为特委委员。特委成立后，积极协助张爱萍等推动形成皖东北国共合作、团结抗战的局面。

1939 年夏，江上青遭到地主反动武装袭击，身中数弹壮烈牺牲，时年 28 岁。

2012 年 4 月，江上青陈列馆正式对公众开放。陈列馆按时间顺序划分 7 部分进行展示，通过文字、图画、场景、投影、幻影成像等方式展示江上青短暂而光辉的一生。

作为扬州市爱国主义教育基地，陈列馆 2018 年开展了“红色基因传承教育”活动，以便周边中小学生来此参加社会实践活动，用实际行动将红色基因传承下去。“我们将同更多学校合作，组建志愿者团队，在更好为社会服务的同时，用更广泛的方式传播红色精神。”江上青烈士史料陈列馆馆长沙勇军说。

叶辅平
革命队伍的军需先驱

叶辅平，又名叶全，1902 年出生于广东省归善县。1926 年 5 月，随叶挺独立团北伐先遣队，参加北伐战争。1928 年 6 月加入中国共产党。1937 年全国抗战爆发后，任新四军上校军需处长，为新四军的建设发展做出了贡献。1939 年秋，叶辅平奉命回广东，在由香港押送军用物资途经广西南宁八塘附近，不幸发生车祸罹难，终年 37 岁。

在广东惠州惠阳区秋长街道办事处周田村，有一座建于20世纪30年代的独立式的客家民居，建筑面积400多平方米，二进五间，左右对称。这栋上、下两进组成的小四合院正是叶挺将军的胞弟叶辅平所建，亦称“育英楼”。

叶辅平，又名叶全，1902年出生于广东省归善县秋溪乡（今惠阳区秋长街道）周田村一户普通农民家庭。7岁进入私塾。13岁时因家境窘迫辍学，留校做杂工。

1922年，彭湃领导的海陆丰农民运动席卷东江。叶辅平与同村进步青年秘密建立起周田村第一个农会，并被选为会长。1925年2月，东征联军进攻淡水，叶辅平率领上百农军和农民支前，配合作战。同年11月，叶辅平任叶挺独立团军需主任。1926年5月，叶辅平随叶挺独立团北伐先遣队，参加北伐战争。

1927年初，叶辅平任国民革命军第11军24师军需主任。5月，筹集大批粮食和军需物资，为平定夏斗寅叛乱、保卫武汉做出了贡献。8月1日，参加南昌起义，任第11军军需处长。8月初，起义部队撤出南昌，叶辅平辗转香港，受命召集失散的11军人员，因目标暴露被迫离港暂避澳门。后从澳门返回家乡，继续投身革命。1928年6月加入中国共产党。1929年，叶辅平参加家乡组织的农民反税斗争。1930年秋，国民党反动派集中兵力进行大规模清乡，地方反动分子十分嚣张，伪乡长叶贯文等公开勾结国民党反动派肆意杀害农会会员，叶辅平积极组织农民赤卫队与之进行周旋，捕杀伪乡长叶贯文为民除害。随后根据党的指示，转移香港，从事统战工作。

1937年全国抗战爆发后，叶挺任新四军军长。叶辅平等奔赴南昌，任新四军上校军需处长，为筹集新四军军需物品奔忙，为新四军的建设发展做出了贡献。1939年秋，叶辅平奉命回广东，在由香港押送军用物资途经广西南宁八塘附近，不幸发生车祸罹难，终年37岁。

1939年11月6日，新四军《抗敌报》发表了沉痛哀悼叶辅平烈士的文章，寄托对其无限哀思。1954 年 7 月，惠阳县人民政府将他的遗骸从广西南宁运回惠阳周田家乡安葬，并建碑纪念，永志不忘。

由叶辅平修建的育英楼，作为惠宝人民抗日游击总队的诞生地，见证了东江儿女热血抗日、保卫家园的英勇事迹。1995 年，育英楼被列为惠阳市重点文物保护单位，2003 年重新修葺，2004 年列为惠州市文物保护单位。2011 年，育英楼被再次修葺，并按照惠宝人民抗日游击总队成立时的概貌予以恢复和布局，以再现历史，教育后人。2015 年，育英楼被列为省级重点文物保护单位。

吴焜
威震日寇建奇功的新四军「虎将」

吴焜，又名吴琨，1910 年出生于四川省万县（今属重庆市万州区）一个雇农家庭。1930 年加入中国共产党。1938 年初，吴焜任新四军第 3 支队第 6 团副团长，和团长叶飞奉命率部进入苏南茅山地区，创建敌后抗日根据地，因作战勇敢被称为“虎将”。

1939 年 9 月，吴焜率江南抗日义勇军 6 团撤离东路地区。撤离途中，在江阴马镇乡湖塘里定山一带遭到“忠义救国军”的突然袭击。吴焜在指挥战斗时头部中弹，壮烈牺牲，时年 29 岁。

夜袭苏州浒墅关火车站、夜袭上海虹桥机场……新四军著名“虎将”吴焜参加的这些著名战斗，在抗日战争最艰苦的岁月，鼓舞了全国人民的抗日信心。

吴焜，又名吴琨，1910 年出生于四川省万县（今属重庆市万州区）一个雇农家庭。1926 年入军阀杨森的部队。1930 年，携枪参加王维舟领导的四川工农红军第一路游击队（后改组为川东游击军）。同年加入中国共产党。

1933 年 11 月，川东游击军改编为红四方面军第 33 军，吴焜先后任营长、团参谋长，参加了川陕苏区反“六路围攻”。1935 年参加长征。1936 年任红六军团第 17 师 50 团团长。

1938 年初，吴焜任新四军第 3 支队第 6 团副团长。1938 年 5 月，和团长叶飞奉命率部进入苏南茅山地区，创建敌后抗日根据地。因作战勇敢被称为“虎将”。

1939 年 5 月，吴焜任江南抗日义勇军指挥部副总指挥兼二路司令，与总指挥叶飞一起指挥部队东进，在江阴、无锡、苏州、常熟、太仓地区开展游击战争，开辟了苏、常、太抗日游击根据地。

1939 年 6 月 24 日晚，吴焜率部夜袭苏州浒墅关火车站，全歼日军 55 人和伪军 1 个中队，焚毁车站，炸毁铁轨，致使日军重要的交通线宁沪铁路停运 3 天。7 月 23 日晚，参加夜袭虹桥机场的战斗。在国内外造成重大影响，极大地振奋了上海及全国人民的抗日信心。至 8 月，通过改编苏、常、太和江阴等地区零星分散的抗日武装，江南抗日义勇军发展到 5000 余人。

吴焜战斗作风勇猛顽强。在战斗中，他总是身先士卒，临危不惧，还常常亲自吹响冲锋号率部冲向敌人。

1939 年 9 月，吴焜率江南抗日义勇军 6 团撤离东路地区。撤离途中，在江阴马镇乡湖塘里定山一带遭到“忠义救国军”的突然袭击。吴焜在指挥战斗时头部中弹，壮烈牺牲，时年 29 岁。

吴焜牺牲后，江南抗日义勇军总指挥部举行追悼会，陈毅致悼词，表达对烈士的哀思。新中国成立后，吴焜烈士墓由江阴迁至南京市雨花台烈士陵园。1985 年清明节，江阴市人民政府在定山南麓修建了“吴焜烈士埋葬处纪念碑”。2003 年，吴焜烈士墓重建。

如今，吴焜家乡重庆市万州区发生了翻天覆地的变化，已建设为人口达 176 万，拥有机场、高铁、高速公路、深水港码头和海关口岸的三峡库区中心城市。当地政府在万州革命烈士陵园烈士事迹展览馆里专题设置吴焜革命事迹展，并将其事迹编入万州党史地方志资料和英烈传等书籍，传承发扬烈士革命精神。

郭征

少年负壮气 奋烈击征程

郭征，原名郭辉勉，1914年生于江西省泰和县。1930年7月，郭征到赣西南红军干部学校学习。1931年1月加入中国共产党。1934年10月，郭征随中央红军主力长征。1939年9月25日上午，驻守在正定、无极、行唐和灵寿等地的1500余名日伪军，企图打开进攻我晋察冀抗日根据地的通路。为了粉碎敌人的阴谋，我军与敌人展开了激烈的战斗。29日黄昏，我军向敌人发起了总攻，激战中，郭征胸部和头部中弹负伤，因伤势过重牺牲，年仅25岁。

英烈挽歌

在部队中威信很高，不仅军事工作出色，对政治机关和党的思想政治工作也很支持。

——八路军 120 师独立第一旅政治部主任　杨琪

“郭征是一面旗帜，我每年都会带着孩子去祭拜烈士，学习他的革命精神。”江西省泰和县冠朝镇大冈村村民郭黎明说。

郭征，原名郭辉勉，1914 年生于江西省泰和县冠朝乡楼居村一个贫农家庭。1923 年入墩睦堂小学就读。土地革命战争时期，江西省泰和县的农民运动和革命武装斗争风起云涌。父亲郭尚球曾任沙村区大冈乡中共支部书记。在父亲的言传身教下，郭征加入儿童团，参加革命活动。

1930 年 7 月，郭征到赣西南红军干部学校学习。同年 10 月到红十二军司令部当传令兵。1931 年 1 月加入中国共产党。先后任传令班班长、团参谋、九军团司令部侦察通信科参谋。

1934 年 10 月，郭征随中央红军主力长征，由于工作认真负责，完成任务积极坚决，遵义会议后，任九军团司令部侦察通信科科长。1937 年 1 月参加抗大第二期学习。同年 8 月毕业后，任八路军 120 师侦察科科长，随军开赴山西抗日前线。在晋西北抗日根据地一年的时间里，他随师部组织的地方工作团来到五寨地区，广泛发动群众，宣传《抗日救国十大纲领》，筹集粮款，组建抗日武装。先后任五寨城区自卫队队长、学生兵团参谋长。

1939 年 1 月，郭征随 120 师主力到达冀中。同年 2 月，任独立第 4 支队第 2 团团长。4 月，独立第 4 支队和 715 团编为 120 师独立一旅，郭征任参谋长。齐会战斗中，他和旅首长亲临前线指挥部队，击退了敌人的多次进攻，取得歼灭日军 700 余人的重大胜利。在冀中八个月的时间里，郭征参加和指挥过大小战斗 110 多次，他始终战斗在最前线，沉着机智地指挥部队。

1939 年 9 月 25 日上午，驻守在正定、无极、行唐和灵寿等地的 1500 余名日伪军，企图打开进攻我晋察冀抗日根据地的通路。为了粉碎敌人的阴谋，我军与敌人展开了激烈的战斗。经过三天两夜的激战，歼敌 1200 余人，只剩下残敌占据的最后一个高地。29 日黄昏，我军向敌人发起了总攻，激战中，郭征胸部和头部中弹负伤，因伤势过重牺牲，年仅 25 岁。葬于河北省行唐县秦台村。1985 年冬骨灰归葬故土。

1998 年，中共泰和县委、泰和县人民政府将郭征烈士墓命名为爱国主义教育基地，并于 2005 年拨款维修。

冠朝小学五年级的学生郭瑞杰 2018 年清明节和全班同学一起参与了扫墓。他说："我当时把墓碑旁边的树叶都打扫干净了，郭征爷爷是我们的骄傲，我们会永远铭记他。"

魏大光

为国家尽了大忠
为民族尽了大孝

魏大光，1911 年出生于河北省霸县（今霸州市）一个农民家庭。1937 年全国抗战爆发后，魏大光回乡组织起 1000 多人的抗日武装，1938 年 3 月率部接受中国共产党的领导和整编，任华北人民抗日联军第 27 支队司令员，1939 年 4 月改编为八路军第 120 师独立 2 旅，他任旅长。从此，这支部队进入野战军行列，成为中国人民抗日武装的一支主力军。8 月 26 日在霸县大宁口村北与日军遭遇，魏大光在战斗中壮烈牺牲，时年 28 岁。

英烈语录

好男儿上战场，打鬼子保家乡。

——魏大光

“魏大光先烈英勇杀敌、壮烈牺牲，他是我们的骄傲，也是我们学习的榜样。”魏大光烈士祖籍所在地河北省霸州市大韩家堡村党支部委员张广杰表示，没有英烈，就没有我们今天的好日子，要把他们的革命精神不断传承下去。

魏大光，1911 年出生于河北省霸县（今霸州市）一个农民家庭。1935 年到天津当搬运工，积极参加抗日救亡活动。1936 年冬因破坏日商在天津开设工厂的配电装置而被捕入狱。在狱中他结识了不少革命难友，懂得了许多革命道理。他常对别人说：我是在监狱里上的革命大学。

1937 年全国抗战爆发后，魏大光回乡组织起 1000 多人的抗日武装，曾指挥所部取得永清吴家场反日军包围战斗的胜利。1938 年 3 月率部接受中国共产党的领导和整编，任华北人民抗日联军第 27 支队司令员。为提高部队战斗力，他对部队进行整顿，制定了各种规章制度，加强了思想政治工作，并紧紧依靠人民群众的支持，使部队面貌焕然一新，迅速发展到 6000 余人。他指挥部队在武清、霸县一带进行英勇机智的抗日游击斗争，取得霸州王庄子村中亭堤伏击战、胜芳保卫战等战斗的胜利。他还经常派人潜入天津市区，破坏敌人输电线路等设施，搅得敌人惊恐不安。日军多次派遣特务打入 27 支队，均被粉碎。1938 年 11 月，日军对津西地区进行第二次“扫荡”，第 27 支队奉命向大清河南转移开赴冀中。部队中一些人不愿离开家乡，产生离队思想。魏大光深入基层做艰苦细致的思想工作，反复阐明只有在党的直接领导下，才能发挥更大的作用。同月底，部队到达任丘青塔镇一带，改编为八路军第 3 纵队兼冀中军区独立 5 支队，魏大光任司令员。1939 年 4 月又改编为八路军第 120 师独立 2 旅，他任旅长。

从此，这支部队进入野战军行列，成为中国人民抗日武装的一支主力军。随后，他率部参加了著名的齐会战斗。

5月，贺龙派魏大光回霸县、永清等地扩编抗日队伍。他不辞辛劳，与各地武装首领进行广泛接触，宣传中国共产党的抗日主张。至8月间，将霸县、安次、永清等十几支抗日武装千余人收拢起来，在永清刘靳各庄一带集中。26日在霸县大宁口村北与日军遭遇，战斗中壮烈牺牲，时年28岁。独立第2旅副旅长廖汉生惋惜地说："魏大光同志年仅28岁就牺牲了，这是我党我军的一个重大损失，人民将永远怀念他。"

1939年9月，在河北省灵寿县召开的追悼大会，由廖汉生主持，贺龙、关向应送了挽联。不久，叶剑英参谋长在《八路军军政杂志》上发表了《悼八路军魏旅长大光光荣殉国》的文章，称他是"为国家尽了大忠，为民族尽了大孝"。

嘉康杰
河东「群众领袖」

嘉康杰，1890年出生，山西夏县人。早年参加辛亥革命、反袁斗争和五四爱国运动。1927年冬加入中国共产党。1939年9月，在中共晋冀豫区党委第一次代表会议上，当选中共晋冀豫区党委委员，并被选为出席中共七大的候补代表。会后，他担任了中条地委委员、民运部长。1939年11月18日，在返回中条地委驻地的路上，嘉康杰遭到国民党特务暗杀，不幸牺牲，时年49岁。

英烈挽歌

嘉康杰同志在革命中光荣牺牲，丰功伟绩，永垂不朽！

——毛泽东

十一月的河东大地已是秋风萧瑟，山西夏县的堆云洞到访者依然络绎不绝。许多人自发来到这个曾经晋南地区重要的革命中心，缅怀以嘉康杰为代表的革命者。

嘉康杰，1890 年出生，山西夏县人。早年参加辛亥革命、反袁斗争和五四爱国运动。曾两次留学日本。1921 年回到家乡，致力于平民教育，先后在夏县、运城等地，创办以太小学、夏县平民中学、运城河东中学等学校，积极宣传新思想，传播新文化，将一批进步青年培养成为革命骨干。期间，多次参加和领导反对军阀政府和地主劣绅的斗争运动，曾被反动当局逮捕入狱。1927 年冬加入中国共产党。

大革命失败后，晋南地区党组织遭到严重破坏。面对严重的白色恐怖，嘉康杰临危受命，先后担任中共河东中心县委书记、河东特委组织部长等职，致力于重建和恢复党组织的工作。他不畏艰险，长期深入基层群众中间，积极开展工作。到 1933 年，在当时晋南 36 个县中的 32 个县建立了党的领导机关，在农民中发展了 400 多名党员，把党的组织由青年学生群体发展到社会各阶层，特别是贫苦农民当中。

1936 年红军东渡黄河进入山西，嘉康杰响应红军的行动，在夏县策动了中条农民武装暴动，建立红军游击队，担任总指挥。

1937 年 11 月，中共河东特委委托嘉康杰在闻（喜）夏（县）一带为八路军扩兵 500 名，他出色地完成了任务，受到表彰，使河东党组织圆满完成了中央军委周恩来副主席交给山西省委的扩兵任务。12 月，中共北方局在临汾召开山西党的活动分子会议，刘少奇称赞嘉康杰是河东“群众领袖”。

1938 年 1 月，嘉康杰赴延安“抗大”学习，5 月受组织派遣回河东从事敌后游击战争。先后担任中共晋豫特委（后改为晋豫地委）委员、军事部长、晋豫边游击支队供给部长等职，率领游击队战斗在中条山区，配合主力部队多次挫败日军的进犯。1939 年 9 月，在中共晋冀豫区党委第一次代表会议上，当选中共晋冀豫区党委委员，并被选为出席中共七大的候补代表。会后，他担任了中条地委委员、民运部长。

国民党反动当局十分畏惧嘉康杰在晋南地区的影响力，1939 年 11 月 18 日，在返回中条地委驻地的路上，嘉康杰遭到国民党特务暗杀，不幸牺牲，时年 49 岁。

为了纪念嘉康杰烈士，1952 年 5 月 1 日，山西省人民政府将“山西省运城中学”命名为“山西省康杰中学”。

如今，康杰中学除了每年组织学生赴夏县嘉康杰烈士墓前开展悼念活动外，还建立了康杰精神校本课程、弘扬康杰精神主题班会、嘉康杰革命事迹报告会等一整套弘扬嘉康杰精神的课程体系。“几十年来，烈士的精神已经融入学校师生永不懈怠、追求卓越的灵魂当中，并激励着一代又一代学子奋发学习、立志报国。”康杰中学的教师李占新说。

茅丽瑛
『孤岛』抗战女杰

茅丽瑛，1910年8月出生，浙江杭州人。1938年5月，上海中国职业妇女俱乐部正式成立，茅丽瑛被推选为主席。同月，她秘密加入中国共产党。1939年12月12日晚，茅丽瑛遭到汪伪特工暗杀，身中三弹，于15日在医院牺牲，时年29岁。

英烈语录

吩咐一切的人别为我悲伤！我死，没有什么关系，我是时刻准备牺牲的，希望大家要继续努力，加倍地努力！

——茅丽瑛

位于杭州市中心的浙江展览馆东广场上，矗立着一组庄严的“抗战英烈”雕塑，其中一个手握书卷、看似柔弱的女子格外引人注目。她就是积极投身抗日救亡、被汪伪特工杀害的“孤岛”抗战女杰——茅丽瑛。

茅丽瑛，1910 年 8 月出生，浙江杭州人。1931 年于苏州东吴大学法学院辍学，同年考入上海海关任英文打字员。1935 年参加上海中国职业妇女会。1936 年，加入中国共产党领导的抗日救亡组织——海关乐文社。1937 年上海八一三抗战爆发后，她积极参加慰问伤兵、救济难民等活动。

1938 年 5 月，上海中国职业妇女俱乐部正式成立，茅丽瑛被推选为主席。同月，她秘密加入中国共产党。此后，她积极开展职业妇女俱乐部的工作，相继创办了国语班、英语会话班、会计班、中文速成班、文化补习班等，开展对妇女的培训工作，还亲自教授英语课。

茅丽瑛为人热情、诚恳、乐于助人，自称是“大众的牛”，夜以继日地拼命工作，把“职妇”办得生气勃勃。为了支援浴血奋战的新四军，她积极推动“职妇”和各救亡团体在春节期间发起“劝募寒衣联合大公演”和组织“物品慈善义卖会”。在义卖活动筹备和进行中，面对日伪势力的恐吓、威胁甚至公开打砸，茅丽瑛抱着“愿为义卖而生，为义卖而死”的决心，以极大的勇气使义卖最终获得成功。

义卖会的成功使敌人对职业妇女俱乐部和茅丽瑛的仇视进一步加深，他们称茅丽瑛为“第二史良之中共激烈分子”。在连续公开恫吓无效后，1939 年 12 月 12 日晚，茅丽瑛遭到汪伪特工暗杀，身中三弹，于 15 日在医院牺牲，时年 29 岁。牺牲前她告诉大家：“吩咐一切的人别为我悲伤！

我死，没有什么关系，我是时刻准备牺牲的，希望大家要继续努力，加倍地努力！”

茅丽瑛牺牲后，党组织为揭露敌人的阴谋，激发人们的爱国热情，在上海各大报纸登报丧启事，上海各界爱国人士成立了治丧委员会。

12月16日至17日，上海万国殡仪馆举行隆重公祭，数千名群众满怀悲愤的心情，向静卧在鲜花丛中的女共产党员茅丽瑛做最后的告别。《申报》为此记载：“其情绪之哀伤，为鲁迅先生逝世后所未有。”

1962年，著名剧作家于伶完成以茅丽瑛为原型的舞台剧本《七月流火》，反映了上海人民的抗日斗争。作品甫一问世，便引起了文艺界的广泛关注，当时即有十余个省市话剧院、团同时排演。1981年，《七月流火》还被改编为同名电影。

1989年，在茅丽瑛遇害50周年之际，上海举行隆重的纪念座谈会，并在南京东路烈士遇害处勒石纪念。翌年，塑烈士雕像于其母校——上海市第十二中学（原启秀女中）。茅丽瑛永远活在人民的心中。

罗化成
『最实际的革命人才』

罗化成，1895年出生于福建长汀南阳区（今属上杭县）南山村一个中医家庭。1927年9月加入中国共产党。1939年春任新四军第2支队政治部副主任。同年10月任政治部主任。1940年2月27日，罗化成心脏病突然发作，经抢救无效在江苏溧阳逝世，终年45岁。

英烈语录

目前正是抗战关键时期，斗争需要我，不正是下金钩的时候。

——罗化成

在福建长汀县的一个革命历史展览馆里，收藏着一幅照片。照片上，一位目光坚毅，身着戎装的军人注视前方。他就是为革命事业奋斗一生的罗化成烈士。

罗化成，1895 年出生于福建长汀南阳区 (今属上杭县) 南山村一个中医家庭，从小随父学医。1912 年进入福州蚕业学校学习，1915 年毕业后回到长汀，在县蚕业学校任教。1925 年上海五卅惨案发生后，他同张赤男、杨成武等发起成立“长汀学生联合会”，组织集会，声援上海工人，声讨帝国主义罪行，并创办《长汀月刊》，抨击时弊，宣传革命。1927 年 9 月加入中国共产党。

1928 年 6 月，罗化成在南阳、才溪一带建立秘密农会和发展党组织。次年 7 月，领导“南阳暴动”。暴动胜利后，建立“汀连南赤卫队”，积极发动长汀、上杭等地边区群众打土豪、分田地，建立苏维埃政权。1929 年秋，他所领导的赤卫队编入红军第 4 军 4 纵队，他任纵队特务大队大队长。同年 12 月，参加了古田会议。1930 年 8 月，罗化成在长汀河田蔡坊与民团作战中负伤。后任红军后方医院院长、福建省军区后方留守处主任、福建省苏维埃政府副秘书长兼武装动员部部长。

1934 年 10 月，中央红军主力长征后，罗化成返回闽西，协助张鼎丞、邓子恢、谭震林等坚持闽粤边区的游击战争。1935 年 8 月，他在四都被国民党包围，不幸被捕，在瑞金狱中受尽酷刑，但他坚贞不屈。几天后，在被押往长汀途中逃出虎口，取道上海到达香港。

1937 年 7 月，全国抗战爆发后，罗化成受命回闽西南工作，任新四军第 2 支队军需处处长。1939 年春任第 2 支队政治部副主任。同年 10 月任政治部主任。他率部挺进江南敌后，兼管当涂、芜湖、江宁的地方工作，先后建立了县、区、乡三级抗日民主政权和中共基层组织，组织农民、青年、妇女成立抗日群众团体。

由于长期艰苦的战斗生活，罗化成积劳成疾，心脏病不时发作，陈毅同志多次劝他去后方养病，并书古人诗“留得五湖明月在，何愁无处下金钩”以劝之。罗化成以古人诗“醉卧沙场君莫笑，古来征战几人回”答之，婉言谢绝陈毅的建议，继续带病坚持在抗日前线工作。

1940 年 2 月 27 日，罗化成心脏病突然发作，经抢救无效在江苏溧阳逝世，终年 45 岁。陈毅在追悼大会上称罗化成是“新四军的优秀的领导干部”“最实际的革命人才”。1955 年 2 月，罗化成被追认为烈士。

近年来，罗化成烈士的故乡福建省长汀县立足红色资源优势，着力做好红色文化保护、传承和弘扬工程，不断活化载体和形式，推进红色文化发展的转型升级，促进红色精神薪火相传，加快老区发展。

彭仁发

勇于为航空事业奋斗一生

彭仁发，原名彭德仁，江西赣州人。1930 年参加中国工农红军，不久加入了中国共产党。1937 年 12 月，彭仁发被党中央派到新疆学习航空技术。1939 年 11 月，彭仁发以优异成绩毕业，被授予少尉军衔。之后，他遵照党组织安排，继续留在新疆边防督办公署航空队实习，并担任机械师。1940 年 2 月，在一次飞行训练中，由于天气冷，飞机发动机发动不了，彭仁发主动上前去发动，因螺旋桨突然转动而受重伤，不幸因公殉职。

英烈语录

我们是共产党员，是来学习技术的，一定不能辜负组织的重托，学好技术，将来建立我们自己的空军。

——彭仁发

乌鲁木齐市烈士陵园里松柏林立，肃穆安静，彭仁发烈士墓就位于此处。虽不显眼，但烈士墓前时常有群众驻足停留，表达对先烈的缅怀与敬仰。

彭仁发，原名彭德仁，江西赣州人，出身贫寒。1930 年参加中国工农红军，不久加入了中国共产党。曾在红军中先后担任战士、警卫员和团、师特派员，先后参加过五次反“围剿”斗争和举世瞩目的两万五千里长征，并随红军长征到达陕北。抗日战争全面爆发后，被选送到延安摩托学校进行学习。

1937 年 12 月，彭仁发被党中央派到新疆学习航空技术。1938 年 3 月，进入新疆边防督办公署航空队机械班学习。在新疆学习期间，彭仁发以爬雪山过草地的革命精神来克服文化程度低等困难，不仅在上课、自习时间学习，就连课外活动时间也用来学习，晚上睡在被窝里甚至还打着手电筒看书。节假日，他和战友们经常到野外学习，一学就是一天。

靠着努力，彭仁发很快攻下了《飞行原理》《外场维护》《内场修理》等航空基础理论课程，基本掌握了教学大纲规定的航空知识和技术，并且理论联系实际，抓紧一切时间学习实际操作技术，门门考试都在 4 分以上（满分为 5 分）。

彭仁发经常和在新疆学习的战友们相互鼓励，他曾对战友说：“我们是共产党员，是来学习技术的，一定不能辜负组织的重托，学好技术，将来建立我们自己的空军。”

1939 年 11 月，彭仁发以优异成绩毕业，被授予少尉军衔。之后，他遵照党组织安排，继续留在新疆边防督办公署航空队实习，并担任机械师。

1940年2月，在一次飞行训练中，由于天气冷，飞机发动机发动不了，彭仁发主动上前去发动，因螺旋桨突然转动而受重伤，不幸因公殉职。

据乌鲁木齐市烈士陵园介绍，目前该烈士陵园共安葬烈士93位，其中陈潭秋、毛泽民、林基路、彭仁发等10名烈士的遗骨于1956年建园之初迁入陵园，但彭仁发是10名烈士中唯一出生年月不详的，且陵园始终联系不到其亲属。

“每逢清明节，许多单位和学校就会前来参观学习，同时，为方便老百姓深入了解烈士们的先进事迹，我们也会以巡展的方式把烈士们的资料展板带到各个单位。”乌鲁木齐市烈士陵园宣教科科长葛敏说，学习烈士的先进事迹、精神，除了有助于加强群众对历史的了解，更能以烈士们的鲜活事迹感染大家，“彭仁发烈士凭着自己坚定的理想信念，勇于突破重重困难，去学习航空知识甚至牺牲自我，这种坚持不懈的精神值得每个人学习”。

杨靖宇
白山黑水铸忠魂

杨靖宇，原名马尚德，1905年出生于河南省确山县一个农民家庭。学生时代积极投身反帝爱国运动。1925年6月，加入中国共产主义青年团。1926年加入中国共产党。

1939年在东南满地区秋冬季反“讨伐”作战中，他与魏拯民等指挥部队化整为零、分散游击。自己率警卫旅转战濛江一带，最后只身与敌周旋5昼夜。他以难以想象的毅力，坚持和敌人进行顽强斗争，直至弹尽，于1940年2月23日在吉林濛江三道崴子壮烈牺牲。

英烈语录

一个忠实的共产党员，为民族解放事业，头颅不惜抛掉，鲜血可以喷洒，而忠贞不贰的意志是不可动摇的，最后胜利的决心是坚定的。

——杨靖宇

从河南省驻马店市区向南走 6 公里，广场上一座杨靖宇将军的雕像赫然矗立，这里就是杨靖宇将军纪念馆所在地。纪念馆里共展出图片 400 余幅，文物 120 余件，从杨靖宇将军出生到为国捐躯，真实生动地记录了他辉煌壮丽的一生。

杨靖宇，原名马尚德，1905 年出生于河南省确山县一个农民家庭。学生时代积极投身反帝爱国运动。1925 年 6 月，加入中国共产主义青年团。1926 年加入中国共产党。大革命失败后，组织确山起义，任农民革命军总指挥。1928 年秋到开封、洛阳等地从事秘密革命工作。1929 年春赴东北，任中共抚顺特别支部书记，领导工人运动。在河南和东北曾 5 次被捕入狱，屡受酷刑，坚贞不屈。

1931 年九一八事变后，任中共哈尔滨市委书记，兼满洲省委军委代理书记。1932 年秋被派往南满，组建中国工农红军第 32 军南满游击队，任政治委员，创建了以磐石红石砬子为中心的游击根据地。1933 年 9 月任东北人民革命军第 1 军第 1 独立师师长兼政治委员。1934 年 4 月联合 17 支抗日武装成立抗日联合军总指挥部，任总指挥。同年任东北人民革命军第 1 军军长兼政治委员。1936 年 6 月任东北抗日联军第 1 军军长兼政治委员。7 月任东北抗日联军第 1 路军总司令兼政治委员。杨靖宇率部长期转战东南满大地，打得敌人心惊胆战，威震东北，配合了全国的抗日战争。日伪军连遭打击后，加紧对东北抗日联军的军事讨伐、经济封锁和政治诱降，同时对杨靖宇悬赏缉捕。在极端艰难的条件下，他以“头颅不惜抛掉，鲜血可以喷洒，而忠贞不贰的意志是不会动摇”的崇高气节，继续坚持战斗。

中共六届六中全会曾致电向以杨靖宇为代表的东北抗日武装表示慰问，赞之为“冰天雪地里与敌周旋 7 年多的不怕困苦艰难奋斗之模范”。

1939 年在东南满地区秋冬季反“讨伐”作战中，他与魏拯民等指挥部队化整为零、分散游击。自己率警卫旅转战濛江一带，最后只身与敌周旋 5 昼夜。他以难以想象的毅力，坚持和敌人进行顽强斗争，直至弹尽，于 1940 年 2 月 23 日在吉林濛江三道崴子壮烈牺牲。残忍的日军将其割头剖腹，发现他的胃里尽是枯草、树皮和棉絮，竟无一粒粮食。为纪念他，1946 年东北民主联军通化支队改名为杨靖宇支队，濛江县改名为靖宇县。

“杨靖宇纪念馆自 2009 年起开始免费对外开放。自开放以来，前来参观的团体和个人络绎不绝，很多行政机关、企事业单位、驻地部队、社会团体均在纪念馆内举行爱国主义教育、入党宣誓等活动。”杨靖宇将军纪念馆负责人程娜表示，纪念馆 2018 年接待参观人数 40 余万、参观团体数百个，成为对广大干部群众、青少年学生、部队官兵进行爱国主义教育、培育民族精神的重要阵地。

郑作民
尽忠报国抗日捐躯的英雄

郑作民，1902 年生于湖南省新田县。1924 年，郑作民考入黄埔军校第 1 期。历任排长、连长、营长、团长、旅长等职。抗日战争全面爆发后，任国民革命军第 2 军第 9 师代理副师长。1938 年晋升为师长。

1940 年，郑作民指挥部队对日军发起佯攻，以掩护部队转移，行至广西上林县时遭到日军战机轮番袭击。郑作民被炸弹击中牺牲，时年 38 岁。

在湖南省新田县新圩镇高山村，一栋有着民国时期建筑风格的房子格外引人注目。一代英烈郑作民在这里出生、成长，走向忠烈报国之路。作为烈士事迹的载体，郑作民故居在2012年开始修缮后，不断有人前来参观、凭吊。

郑作民，别名振华、文贝、治新，1902年生于湖南省新田县。自幼家境贫寒，靠父亲抬轿、挑煤炭、打短工挣钱供读私塾、初小、高小，一直到甲种师范。

1924年，郑作民考入黄埔军校第1期。历任排长、连长、营长、团长、旅长等职。抗日战争全面爆发后，任国民革命军第2军第9师代理副师长。1938年晋升为师长。

1939年郑作民升任第2军副军长兼9师师长。先后参加淞沪会战、徐州突围战等战役。

1940年1月，为配合杜聿明的第5军向日军强攻，收复昆仑关，郑作民奉命率部驰援南宁。所部到达广西昆仑关后，立即投入战斗，在其他部队的协助下，收复了昆仑关。

1940年2月22日，日军凭借空中优势，攻占宾阳，严重威胁昆仑关。3月3日，郑作民所部奉命撤退。他指挥部队对日军发起佯攻，以掩护部队转移，行至广西上林县时遭到日军战机轮番袭击。郑作民被炸弹击中牺牲，时年38岁。

郑作民牺牲后，中共中央在延安召开有党、政、军、民参加的追悼大会，毛泽东、周恩来、朱德分别题写挽词："尽忠报国""为国捐躯""取义成仁"。

英烈已逝，浩气长存。如今，作为国家级贫困县，郑作民的家乡新田县正举全县之力，聚全民之智，坚持把发展产业作为实现脱贫的根本之策，确保打赢脱贫攻坚战。

曹亚范
鏖战在白山黑水间的抗联指挥员

曹亚范，1911 年出生于北京的一户贫寒人家。1931 年春，加入中国共产党。

1936 年，曹亚范成为东北抗联第 1 军第 2 师师长，率部转战长白山区，挫败日伪军多次“讨伐”。1940 年 4 月 8 日，在带队外出筹粮时，曹亚范被叛徒杀害，年仅 29 岁。

吉林省辉南县金川镇烈士陵园内，一座卧式大理石烈士墓格外显眼，上面书写着“曹亚范烈士墓”六个大字。这位从教书先生成长起来的抗日英雄就长眠于此。

曹亚范，1911 年出生于北京的一户贫寒人家，13 岁时被送进香山慈幼院。1924 年，中国共产党在慈幼院建立地下组织，播下革命火种。因此，曹亚范接受了马克思主义的启蒙教育和革命思想。后被北京的党组织派赴东北。1931 年春，他加入中国共产党。九一八事变后，他把打击日伪军作为工作重点。

在艰苦的斗争中，曹亚范十分重视群众的利益。为保障游击队和人民群众有足够的粮食吃，他要求每人至少贮备 15 天的粮食。每当敌人“讨伐”时，他总是不顾个人安危，首先安排好群众转移，并指派专人照料老人和儿童，随后同游击队员一起参加战斗。

1936 年 3 月，曹亚范担任东北抗日联军第 2 军第 3 师政治委员，参与指挥部队从安图转战至抚松、临江一带，取得松树镇、大洋岔、小汤河等战斗的胜利，扩大了游击区。同年，他成为东北抗联第 1 军第 2 师师长，率部转战长白山区，挫败日伪军多次“讨伐”。

满腔的爱国热血让这位年轻人不知疲倦，深山中的恶劣环境也不曾让他退缩。

2015 年，92 岁的黄殿军老人接受采访时回忆，作为当时曹亚范的传令兵，年仅 13 岁的他被抗联战士们摸着脑袋喊作“黄小孩”。“那时的条件苦哇！常吃不上饭，有时只能煮煮干硬的玉米粒，甚至煮没去皮的谷子……可这些不耽误打仗！”他回忆，周旋于深山密林的抗联最怕冬天，零下 40 多摄氏度的低温，常常大雪没膝，行军要踩在一个脚印上，避免暴露踪迹。没有住的地方，战士们就砍下松枝睡在上面，往往睡十几分钟就被冻醒，又赶紧起来烤火。

但这样艰苦的环境没有让曹亚范和战士们畏惧。1938 年除夕夜，曹亚范指挥部队出其不意地攻入孟家沟“集团部落”，敌军惊慌逃遁。当部队将缴获的大量粮食、衣服收拾完毕，准备转移时，在回头沟东又与四五百名敌军遭遇。曹亚范临危不惧，果断指挥应战。抗联将士势如猛虎，敌人抱头鼠窜。逃回敌人营地的士兵如惊弓之鸟，日夜心惊胆战，有的甚至在梦中惊叫：“快逃呀，曹亚范来了！”曹亚范之名威震敌胆。

1940 年 2 月，东北抗联领导人之一的杨靖宇将军殉国，曹亚范怀着满腔悲愤，率领部队向敌人展开了更加猛烈的攻势……先后袭击伪警防队和伪森警部队，在临江三岔子东南袭击了伪军第六团和森林警察部队，在濛江湾痛击了敌长岛工作班、毙敌 11 名……

当一切都在向胜利前进时，敌人也将目标集中在这个穿梭于白山黑水间的指挥员身上。1940 年 4 月 8 日，在带队外出筹粮时，曹亚范被叛徒杀害，年仅 29 岁。将星陨落、天地悲凉。

1948 年 1 月 1 日，中共中央东北局曾专门做出决定，表彰东北抗日联军的历史功绩，称赞东北抗联的英勇斗争“是中国共产党光荣历史不可分的一部分”。

2014 年 9 月，民政部公布的第一批著名抗日英烈和英雄群体名录中，曹亚范的名字赫然在列。

吉林省辉南县民政局优抚安置科科长闫丽霞介绍，为纪念这位抗日英雄，1958 年，吉林省辉南县金川大龙湾西山坡革命烈士墓地内修筑了曹亚范烈士之墓。2013 年，在辉南县零散烈士纪念设施保护项目实施抢救保护工程中，曹亚范烈士之墓又被重新修筑。如今，作为省级爱国主义教育基地，这里每年仍然会有许多党员、群众前来瞻仰纪念这位民族英雄。

鲁雨亭

毁家纾难　抗日殉国

鲁雨亭，1899 年出生于河南省永城县（今永城市）。1939 年 8 月，永城游击队正式改编为新四军游击支队第一总队，鲁雨亭担任总队长。9 月，鲁雨亭加入了中国共产党。1940 年 4 月 1 日，日军 3000 余人分四路向芒砀山区分进合击。鲁雨亭被敌人重兵围困于李黑楼阵地，他带领部队与日寇展开殊死的血战，不幸壮烈牺牲，以身殉国，时年 41 岁。

英烈语录

要救国救民及达到世界人类真正的和平与幸福，自己只有站在马克思、列宁的旗帜下，坚决服从共产党的领导，才能为国为民建功立业。

——鲁雨亭

他曾是国民党军队少将，为了民族复兴与国家富强，却舍弃高官，毁家纾难，毅然投身抗战事业，最终以身殉国——他就是著名抗日民族英雄鲁雨亭。

鲁雨亭，1899 年出生于河南省永城县（今永城市），1920 年毕业于河南开封宏威士官学校，先后担任军法官、军法处处长、县长等职。1931 年九一八事变后，他奋笔写下《国难中敬告全国当局书》一文，发表于 10 月 21 日天津《大公报》，奉劝当局“立息内战，止戈言和”，“牺牲成见，忍痛救国”。1937 年初，鲁雨亭出任河北省保安处秘书长。同年 11 月，经李宗仁推荐，他被委任为永城县县长，为抗日救亡，他组织成立永城县民众抗日救亡动员委员会，开办青年训练班，组织工作团，在全县推动抗日救亡运动。在中共永城县委的帮助下，鲁雨亭变卖家产，购买枪支弹药，筹集活动经费，在永城组织抗日联防自卫队等抗日武装，并于 1938 年 11 月正式建立了永城县抗日游击队。在鲁雨亭等领导下，游击队活动在永（城）、夏（邑）、砀（山）、萧（县）一带，打开了芒砀山区的抗日局面。

1939 年 1 月，彭雪枫率新四军游击支队到达永城一带，开辟豫皖苏抗日根据地。鲁雨亭派人与新四军建立联系，并根据自己多年的经历做出重大抉择，走共产党的路，请求将永城游击队编入新四军。他由衷地表示：“要救国救民及达到世界人类真正的和平与幸福，自己只有站在马克思、列宁的旗帜下，坚决服从共产党的领导，才能为国为民建功立业。”

1939 年 8 月，永城游击队正式改编为新四军游击支队第一总队，鲁雨亭担任总队长。9月，由新四军游击支队参谋长张震等介绍，经中共中央批准，鲁雨亭加入了中国共产党，开始了新的革命征程。他率领第一总队活跃在芒砀山区，打击日伪军。在几个月的战斗中，毙伤日伪军数百人，部队发展壮大到近3000人。

1940年4月1日，日军3000余人分四路向芒砀山区分进合击。鲁雨亭身先士卒，战斗在第一线，率领部队多次打退敌人的进攻。鲁雨亭被敌人重兵围困于李黑楼阵地，他放弃安全突围的机会，带领部队与日寇展开殊死的血战，不幸壮烈牺牲，以身殉国，时年41岁。

鲁雨亭烈士后人为传承烈士精神，2008年开始发起“雨亭行动”，以当年鲁紫铭、鲁雨亭父子在故乡兴学时“为国储才”的遗训为主旨，“以雨润才，以亭护才”。

鲁雨亭纪念馆负责人陈体坤表示，如今“雨亭行动”系列活动的长期持续开展，对于纪念鲁雨亭烈士，教育引导广大人民群众特别是广大青少年学习先烈精神、传承先烈精神和革命信念，继承发扬革命传统起到了重要作用。

李林

威震冀南的英雄团长

李林，原名李朝法，字惠卿，1914 年出生于河北威县北马庄村。1930 年加入中国共产党。

1940 年 10 月，李林率部在沧石路秦村与日军遭遇，经过激烈拼杀，消灭大部遭遇之敌，后打扫战场时，遭 1 名残敌偷袭牺牲，年仅 26 岁。

河北省威县烈士陵园内，矗立着一座庄严肃穆的纪念堂。纪念堂内东侧墙上挂有一位著名的抗日英烈生前遗像，他英姿俊朗，神态坚毅。曾有诗云其“昨日从戎投笔砚，如今为文卸征衣。学得文武双本领，再返血染沙丘地。”这就是抗日英烈、时任八路军第129师新编9旅25团团长兼政治委员李林。

李林，原名李朝法，字惠卿，1914年出生于河北威县北马庄村。他7岁开始接受启蒙教育，从小练就了一身好武功。1929年考入本县乡村师范学校，在校期间，他首次接触马列主义书籍，思想发生了深刻变化。

1930年，李林加入中国共产党，入党后在本县做小学教员。任教期间，他组织流动图书馆，积极宣传革命思想，鼓励广大教师行动起来，和剥削者进行斗争。李林经常深入农村，发展基层党组织，建立了一批农村党支部。

1935年秋，李林参加冀南农民武装暴动，在广（宗）威（县）一带组织游击小分队，开展收缴地主枪支、铲除官绅恶霸的斗争，在广威一带声威大震，很快形成了2000余人的农民武装。1936年1月任华北人民抗日救国军第1师副连长兼排长，指挥一个连的兵力，在威县、广宗、巨鹿、南宫的三角地带开展了大规模的武装斗争。

1936年秋，李林在石家庄做地下工作。当时石家庄党组织活动经费紧张，没有生活补贴。李林鼓励同志们说：“我们都有健康的体魄，哪能光靠组织呢！”从此，他时常出现在闹市中，替人推水车，做水泥工，什么苦力活都干，每天挣几个铜板，和大家一起用。

1937年2月，李林被派到延安中共中央党校学习。1938年3月任中共广（宗）威（县）中心县委书记，建立了地方抗日政权，建立拥有100多支枪的游击队和两个县区武装。同年4月，他先后调任冀南独立支队政治委员、第一军分区司令员。1938年年底组建了赵县、藁城、束鹿、晋县、宁晋、栾城等县抗日民主政府和各县游击大队。

冀中、冀南两个抗日根据地的迅速发展，对日军造成了很大威胁。日军除了对根据地和正规部队进行大规模“扫荡”外，还推行“囚笼战术”，将两个地区分割成若干小块，每隔二三华里修建一个炮楼。为了打破敌人的“囚笼战术”，抗日根据地军民于1940年夏季开展了大规模的破路斗争。

1940年，李林调任八路军第129师新编9旅第25团团长兼政治委员，多次组织、实施破袭战，有效打击了敌人的“囚笼战术”。在1940年秋季的百团大战中，李林率部取得歼灭日军井川大队1个分队、缴获大量枪炮和弹药的战绩，受到八路军总部通令嘉奖。同年10月，李林率部在沧石路秦村与日军70多人遭遇，经过激烈拼杀，消灭大部遭遇之敌，后打扫战场时，遭1名残敌偷袭牺牲，年仅26岁。

为了纪念李林，威县建有烈士陵园，编著《红色的土地英雄的人民——冀南区首府威县革命斗争纪实》一书，将其事迹进行整理、传颂。作为邢台市爱国主义教育基地，每年前来威县烈士陵园参观的机关单位人员、学生、游客等社会各界群众达10万人次。

张自忠

力战而死　无愧民族

张自忠，字荩忱，1891 出生于山东临清唐园村（现为临清市唐园镇唐园村）。1911 年考入天津北洋法政学堂，同年底秘密加入同盟会。1914 年，张自忠投笔从戎。1937 年七七事变后，全民族抗日战争爆发，张自忠先后任第 59 军军长、第 33 集团军总司令兼第 5 战区右翼兵团总指挥。1938 年 3 月，日军进犯台儿庄，张自忠奉命率第 59 军增援，为台儿庄大捷赢得了时间。1940 年 5 月，中国军队与日军 15 万精锐部队在枣阳、襄阳、宜昌等地进行枣宜会战。张自忠亲自率领部队与日军决战，牺牲时身中 7 弹。

英烈语录

为国家民族死之决心，海不清，石不烂，绝不半点改变！

——张自忠

张自忠是从山东临清唐园村走出的著名抗日爱国将领。他年少时弃学从戎，自1914年至1940年的20多年里，多次临危受命，奋勇杀敌，最终战死沙场，以身殉国，为后世所敬仰。

张自忠，字荩忱，1891年出生于山东临清唐园村（现为临清市唐园镇唐园村）。6岁入私塾，后随父至江苏，14岁因父亲去世随母亲归乡。1908年入临清高等小学堂读书，1911年考入天津北洋法政学堂，同年底秘密加入同盟会。1912年转入济南法政专科学校，投身于山东的革命运动中。

1914年，张自忠投笔从戎，投奔奉天省新民县新民屯陆军20师39旅87团团长车震。车震欣赏张自忠不怕吃苦、意志坚韧，且有同乡之谊，1917年9月把他介绍给冯玉祥。张自忠颇受冯玉祥赏识，1921年升任冯玉祥卫队团第3营营长，1924年升任学兵团团长，1925年1月升任第15混成旅旅长。

1927年，冯玉祥率西北军参加北伐，任国民革命军第二集团军总司令，张自忠升任第28师师长兼第2集团军军官学校校长。无论练兵还是做事，他都非常勤奋认真，以身作则，身先士卒。

1931年九一八事变后，西北军被改编成第29军，张自忠任38师师长，承担长城防务。1933年日军进逼长城一线，他任喜峰口第29军前线总指挥，奋勇击退日军，守住了阵地。

1937年七七事变后，全民族抗日战争爆发，张自忠先后任第59军军长、第33集团军总司令兼第5战区右翼兵团总指挥。他一战淝水，再战临沂，三战徐州，四战随枣，所向披靡。1938年3月，日军进犯台儿庄，张自忠奉命率第 59 军增援，为台儿庄大捷赢得了时间。

张自忠曾亲笔写信告谕官兵:“为国家民族死之决心，海不清，石不烂，绝不半点改变！”

1940 年 5 月，中国军队与日军 15 万精锐部队在枣阳、襄阳、宜昌等地进行枣宜会战。张自忠亲自率领部队与日军决战。日军以飞机和大炮轰击鄂北南瓜店，张自忠派自己的卫队前去增援。一颗炮弹突然在指挥所附近爆炸，弹片炸伤了张自忠的右肩，紧接着一颗流弹又击穿他的左臂，鲜血染红了军装。张自忠强撑着给第 5 战区司令部写下最后一份报告，并告诉副官：“我力战而死，自问对国家、对民族可告无愧。”

张自忠此时已两处负伤，正在包扎第二处伤时，敌弹又洞穿了他的前胸。他说：“我不行了。你们快走！”这时，有数名日本兵搜索而来，张自忠就势抓住敌枪，一跃而起，还未站稳，就被日军猛刺一刀。

张自忠牺牲时身中 7 弹。这位年仅 49 岁的抗日爱国将领的牺牲，令全国悲悼。5 月 23 日，他的灵柩由 10 万民众护送，在宜昌上船、送到重庆，葬在北碚的梅花山。遗体转运途中，各地群众冒着被敌机侵袭的危险，自发前往迎送，表达对英烈的缅怀和敬仰。

8 月 15 日，延安各界人士 1000 余人为张自忠举行隆重的追悼大会。毛泽东、朱德、周恩来分别送了“尽忠报国”“取义成仁”“为国捐躯”的挽词。

张自忠是抗日战争时期牺牲在疆场上的唯一一位集团军总司令。将军虽已长逝，但英风浩气与世长存。

节振国 刀劈日本宪兵的抗日民族英雄

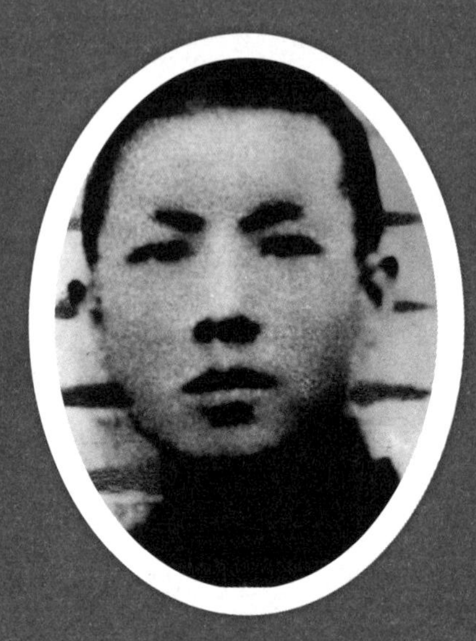

节振国，1910年出生于山东武城县刘堂村（今属河北故城县）一个贫苦农民家庭。1939年秋，节振国光荣地加入中国共产党。1940年8月，在率部与日伪军作战时壮烈牺牲，时年30岁。

在河北省衡水市衡水青年公园，冀东著名抗日英雄节振国的铜像肃然而立。他刀劈日本宪兵的英雄事迹至今在冀东大地流传。

节振国，1910 年出生于山东武城县刘堂村（今属河北故城县）一个贫苦农民家庭，10 岁随父兄逃荒到开滦赵各庄煤矿，14 岁起进矿当工人。

1938 年 3 月，开滦煤矿爆发了声势浩大的罢工运动，节振国被推举为赵各庄矿工人纠察队队长。5 月 6 日，大批日伪宪兵包围节家，搜捕节振国等工人领袖。敌人抓住了节振国的哥哥，刚回家的节振国冲上去与敌人展开殊死搏斗。搏斗中，他夺过日本宪兵队长的军刀，当场劈杀日本宪兵队长和数名日伪军，后在工友们的帮助下冲出敌人的包围和追捕，负伤脱险。节振国刀劈日本宪兵的消息震动了冀东，激发了百姓的抗日热情，矿工们奔走相告："节振国是好样的！"

节振国伤愈时，正逢冀东抗日大暴动。他闻讯后迅速联络矿工，组成工人抗日游击队，参加暴动。不久，他率部加入冀东抗日联军李运昌部，被编为冀东抗联第二路司令部直属特务第一大队，即工人特务大队，任大队长。

1938 年 7 月起，节振国率领部队活跃在矿区和广大农村，发动矿工参加抗日武装，神出鬼没地打击日伪军，威震冀东。在工人特务大队的号召和鼓舞下，工人抗日声势日益浩大。由赵各庄矿扩展到开滦煤矿各矿区，成立了数支抗日游击队，3000 多名工人先后加入了抗日队伍。节振国率领工人特务大队和日伪军数次激战，两度收复赵各庄、唐家庄矿区，有力地支援和配合了冀东地区的抗日斗争。

在党的领导下，在抗日战争的枪林弹雨中，节振国率领的工人特务大队越战越勇，后改编为八路军第 12 团 1 连，为开辟冀东抗日新局面做出重要贡献。1939 年秋，节振国光荣地加入中国共产党。1940 年 8 月，在率部与日伪军作战时壮烈牺牲，时年 30 岁。

1940 年 8 月，延安《中国工人》杂志向根据地抗日军民介绍节振国从刀劈日本宪兵开始的英勇抗日业绩。新中国建立后，节振国的英雄事迹被编成小说和现代京剧、拍摄成电影在全国放映。

近年来，随着爱国主义精神宣传力度的加大，有关节振国的遗物整理及保护、纪念广场修建等活动在河北多地陆续开展。2016 年 3 月，节振国铜像在衡水青年公园落成揭幕。

陈康容

忠勇为党的女英雄

陈康容，福建永定岐岭下山村人，1915年出生于一个缅甸华侨家庭。1930年，陈康容随父亲回国。1937年全面抗战爆发后，陈康容全身心投入抗日救亡运动，并秘密加入中国共产党。1940年农历7月15日，陈康容被国民党顽固派逮捕。9月17日，恼羞成怒的顽军残忍地将她杀害。

英烈语录

青春价无比，团聚何须提。为了申正义，何惧剥重皮！

——陈康容

在闽西龙岩永定区的红土地上，一个英烈的姓名至今仍被传颂，她就是牺牲时年仅25岁的陈康容。

陈康容，福建永定岐岭下山村人，1915年出生于一个缅甸华侨家庭，侨居缅甸。1930年，陈康容随父亲回国，在厦门读中学，深受革命师友思想影响，积极参加进步活动，毕业后考入厦门大学。

1934年，陈康容为避免当局注意，回缅甸执教于仰光华侨女中，同时投身于华侨抗日救亡活动。随着国内团结抗日形势日显，陈康容毅然重返厦门大学就读，在中共厦门工委领导下从事抗日救亡文化工作。1937年全面抗战爆发后，陈康容拒绝了父亲在缅甸为她安排的舒适生活，全身心投入抗日救亡运动，并秘密加入中国共产党。

1937年11月，党组织送她到龙岩参加中共闽西南特委第一期训练班学习。此后，陈康容先后加入中国妇女慰劳前方抗战将士总会厦门分会、厦门文化界抗敌后援会、厦门各界抗敌后援会慰劳工作团，并担任宣传股长。她带领厦门各界抗敌后援会的热血青年和妇女走上街头，教唱抗日歌曲，进行抗日救亡演讲，演出抗日救亡戏剧，深入社会办妇女夜校，激励群众起来参加抗日救亡。

1938年3月，新四军二支队北上抗日，特委适应形势需要，派一批同志深入农村工作，陈康容被派回老家岐岭。经当地中共党支部书记、“保长”陈荣松介绍，化名陈容到岐岭小学任教。她以岐岭小学为阵地，在校内外建立了抗敌后援会，开展形式多样的抗日救亡活动，利用课堂、墙报、集会、演讲等形式号召群众参加抗日斗争，宣传党的抗战路线、方针和政策，宣传抗战必胜的道理，发动群众为支援前线捐钱；组织抗日救亡剧团，演出《打倒卖国贼》《抓汉奸》《放下你的鞭子》《大刀曲》等街头剧和舞蹈；演唱《九一八》《松花江上》等抗日歌曲，使方圆几十里的抗日救亡运动轰轰烈烈地开展起来。

在抗日战争最艰苦阶段，国民党顽固派消极抗日，积极反共，在各地秘密逮捕、迫害和杀害共产党员和革命群众，斗争形势日趋紧张。1940 年农历 7 月 15 日，陈康容被国民党顽固派逮捕。

顽军先以荣华富贵诱惑劝降，遭到失败后，对她施以种种酷刑，扬言如三天内写出自首书，就放她与家人团聚，否则就要剥她的皮。陈康容面对死亡威胁，毫无惧色，毅然以诗句回答敌人："青春价无比，团聚何须提。为了申正义，何惧剥重皮！"9 月 17 日，恼羞成怒的顽军残忍地将她杀害。

英烈的故乡永定是重要的革命老区，革命遗址、革命史料等红色资源丰富。近年来，龙岩市永定区积极筹措资金对部分承载重要历史事件、历史人物的革命旧址进行抢救性维修，着力实施红色文化保护、传承和弘扬工程，走出了激活"红色基因"、塑造"红色品牌"、弘扬"红色精神"新路子。

董天知

抗日壮士 英气冲天

董天知，原名董亮，曾易名董旭生，1911 年生，河南荥阳县人。1930 年加入中国共产党。1940 年 8 月，董天知率部参加百团大战时，在山西潞城王（郭庄）村战斗中，为掩护部队突围，亲率警卫排奋勇作战，因寡不敌众，28 名官兵全部壮烈殉国。董天知牺牲时年仅 29 岁。

英烈挽歌

英气横贯比干岭，壮志常存鸭绿江。

——杨尚昆

在河南省荥阳市老城南街，一座青砖灰瓦的三进院落内，矗立着一尊董天知半身铜像。这是山西牺盟会杰出领袖之一、中国共产党领导的抗日武装山西新军的重要领导人之一董天知的出生地。

董天知，原名董亮，曾易名董旭生，1911 年生，河南荥阳县人。早年参加进步学生运动，直接受党的著名农民运动领导人彭湃的影响，参加革命活动。1929 年，他考入北平宏达学院，参加互济会、反帝大同盟等党的外围组织。不久加入中国共产主义青年团，任共青团北平市委组织干事兼儿童局书记。1930 年加入中国共产党。

1931 年董天知被捕入“北平军人反省分院”（即草岚子监狱），敌人施尽种种酷刑。在政治诱降和死刑威胁面前，他始终大义凛然，忠贞不屈。

1934 年冬，狱中政治犯 50 余人，为要求下镣、看报，举行绝食斗争。组织上考虑到董天知长期卧病不起，身体虚弱，决定不让他参加。他坚定表示，“个人生命事小，政治影响事大。”毅然参加绝食斗争。到斗争取得胜利时，董天知已是奄奄一息。

1936 年 9 月，董天知经党组织营救出狱，10 月下旬被中共中央北方局派往山西开展抗日民族统一战线工作。参与领导山西牺牲救国同盟会和建立山西新军的工作。1937 年 9 月在牺盟会第一届代表大会上当选为执行委员和抗日救亡先锋总队总队长。曾率山西各界慰问团到华北前线慰问抗日的第 29 军将士。同年 11 月起先后任山西抗敌决死第 3 总队政治主任、第 3 纵队政治部主任和纵队军政委员会书记（后任政治委员）、山西第 5 行政区保安司令部政治部主任。参与领导粉碎了反动军官李冠军策动的军事叛乱，指挥部队在晋南、晋东南配合八路军主力开展抗日游击战争。同时，为把新军建设成一支真正的人民军队，做了大量艰苦细致的工作。

1940 年整军后，董天知任八路军 129 师决死第 3 纵队政治委员。1940 年 8 月，董天知率部参加百团大战时，在山西潞城王（郭庄）村战斗中，为掩护部队突围，亲率警卫排奋勇作战，因寡不敌众，28 名官兵全部壮烈殉国。董天知牺牲时年仅 29 岁。

董天知牺牲后，牺盟总会在悼词中称他“是最优秀的牺盟领导者，是最优秀的青年模范，是最优秀的青年军事干部”。

“伟大的抗战精神是中国人民弥足珍贵的精神财富，永远是激励中国人民克服一切艰难险阻，实现中华民族伟大复兴的强大精神动力。”董天知的侄子董广华一直没有停下挖掘整理伯父事迹的脚步。“他用热血和牺牲诠释了爱国主义的深刻内涵，他的精神将一直激励着我们。”董广华说。

马振华

冀鲁边区的抗日元勋

马振华，曾化名李之如、李泽民，1905年出生于河北盐山县。1922年，他在本村创办贫民小学、民众夜校，深受贫苦农民拥护。1932年10月，加入中国共产党。

1938年夏，基于马振华在津南地区群众中的威望，上级党组织调他到地方工作。马振华先后担任中共盐山县委书记、冀鲁边区战委会主任、民运部长、组织部长、津南地委书记等职。1940年9月，马振华召集各县区主要干部开会。由于叛徒告密，次日拂晓被日伪军包围。生死关头，马振华开枪射击，将敌人火力引向自身，掩护其他同志转移，壮烈牺牲，时年35岁。

英烈语录

像我家这样，甚至比我家还要困难的抗属不是太多了吗？只有把鬼子打出去，国家富强了，大伙儿才能丰衣足食。

——马振华

在河北盐山县革命烈士陵园内，经常有青少年来这里开展红色主题教育活动。“80 年前，在民族危亡、国难当头、战火纷飞的岁月里，活跃在冀鲁边区的一批共产党人带领广大民众同敌人展开艰苦卓绝的斗争，他们用鲜血换来了我们今天的幸福生活……”抗日英烈马振华的长孙马新义向前来参加活动的孩子们讲述着祖父的英雄事迹。

马振华，曾化名李之如、李泽民，1905 年出生于河北盐山县。1922 年，他在本村创办贫民小学、民众夜校，深受贫苦农民拥护。1932 年 10 月，加入中国共产党。

1934 年 4 月，马颊河农民暴动失败后，马振华毅然舍弃教鞭，以货郎担为掩护奔走于乡间及各大小书馆，联络发展党员，组织民众和进步师生开展地下工作，恢复遭到破坏的党组织。在他积极工作下，党员队伍和基层党支部不断发展壮大。

七七事变后，华北相继沦陷。马振华不避危难，奔走各地，发起成立华北民众抗日救国总会，并在此基础上，创建华北民众抗日救国军。11 月中旬，马振华任中共冀鲁边区组织委员，同时任华北民众抗日救国会会长、救国军政治部主任。为加强党对部队的领导，马振华狠抓整顿工作，在各团设立政治处，建立士兵政治课制度，学习“三大纪律、八项注意”，使部队政治气氛活跃，战斗力提高。短短几个月，率部多次沉重打击日伪军，相继收复盐山、庆云、无棣、乐陵和宁津等县城，有力激发了当地军民的抗战热情。

1938 年夏，基于马振华在津南地区群众中的威望，上级党组织调他到地方工作。马振华先后担任中共盐山县委书记、冀鲁边区战委会主任、民运部长、组织部长、津南地委书记等职，从事发动和组织群众、巩固抗日民主政权等工作。他深入田间地头，与农民一起劳动，宣传抗战形势，掀起津南地区的参军参战热潮。

1939 年，盐山一带大旱。马振华的妻子为维持生计，逃避日伪军对抗日家属的迫害，携两幼女沿街乞讨。有同志劝马振华回家看看，他感慨地说："像我家这样，甚至比我家还要困难的抗属不是太多了吗？只有把鬼子打出去，国家富强了，大伙儿才能丰衣足食。"

1940 年 9 月，马振华召集各县区主要干部开会。由于叛徒告密，次日拂晓被日伪军包围。生死关头，马振华开枪射击，将敌人火力引向自身，掩护其他同志转移，壮烈牺牲，时年 35 岁。中共津南地委和宁津县委在宁津县前桃园刘庄召开隆重的追悼大会，边区文救会编印纪念册《血仇》，记述马振华等烈士的生平事迹，并谱写歌曲《歌颂马振华》，歌词中称赞他是"边区的革命舵手，边区的抗日元勋……"

1940 年 11 月，为纪念这位深受边区军民爱戴的共产主义战士，经上级批准宁津县改为振华县，直至新中国成立才恢复原名。在马振华的家乡河北盐山县，家乡人为了纪念他，将县城中心街道命名为振华大街。

徐秋

保卫家园　以身许国

徐秋，原名徐秋香，男，1903 年出生，湖南平江县浊水乡洪山塘坳屋场人。1927 年，毛泽东领导的湘赣边界秋收起义爆发后，他参加了当地的赤卫队。1930 年 7 月参加中国工农红军，被任命为红 58 团团部参谋，转战于湘鄂赣边区各县，作战英勇顽强，同年 10 月加入中国共产党。

1940 年 9 月，为了保护南下干部的安全，徐秋率领部队从赵楼正方突围。渡河时因敌人火力过猛，徐秋不幸中弹牺牲，时年 37 岁，后被安葬在山东省郓城县烈士陵园。

24岁参加革命，历经多次革命战斗，长征途中率部架浮桥抢渡乌江，抗战中数次袭击日伪军据点给予沉重打击，为保卫家园在抗日战场上英勇牺牲……“徐秋烈士的一生，虽然短暂，却无比壮烈！”湖南省岳阳市平江县史志办工作人员李双龙评价道。

徐秋，原名徐秋香，男，1903年出生，湖南平江县浊水乡洪山塘坳屋场人。父亲徐望兴和母亲李昆贞均为农民。因家庭贫困，徐秋只读过小学，后来给地主家打工度日，参加红军前与陈漂香结为夫妻，生有一子一女。

1927年，毛泽东领导的湘赣边界秋收起义爆发后，他参加了当地的赤卫队。1930年7月参加中国工农红军，被任命为红58团团部参谋，转战于湘鄂赣边区各县，作战英勇顽强，同年10月加入中国共产党。

1931年7月初，部队回师江西兴国后，为了扩充红军队伍，他主动向团部建议并经批准同意，由他主持召开了红军家属代表会，发动红军战士帮助红军家属生产劳动。在拥红扩军运动中，他的思想发动工作细致而高效，一次就为红5军扩充精壮青年300余名。

1933年6月中旬，部队奉命在大湖坪整编后，徐秋任红5军第1师第10团副参谋长。1934年10月参加长征。1934年底至1935年春，红3军团攻战娄山关，抢渡乌江，徐秋受命率部架桥，经过一昼夜苦战，浮桥架通，部队终于跨过了乌江。

抗日战争爆发后，红军改编为八路军，徐秋奉调115师，开赴抗日前线。1939年春，随八路军第115师东进支队进入鲁西，先后任鲁西军区后勤科长、冀鲁豫军区第8军分区司令员等职。他经常深入群众，领导减租减息运动，组织地方武装，给敌人以沉重打击。

1939年3月，上级决定由徐秋选调10多名勇猛善战的战士，组成小分队，夜袭日伪一个重要据点。徐秋组织两名侦察员化装成农民进入街头，两名行伍出身的战士化装摸近敌哨，待日军持枪逼近我侦察员，强制搜身查问时，两名战士乘机拥上，夺过日军的枪支，两个侦察员迅即用麻袋将两名日军的头蒙住，并装进了麻袋。小分队随后迅速偷袭了日军碉堡，打死哨兵一名，缴获枪支弹药、布匹、食盐、火柴等一批物资。

随后，徐秋随部进入泰（山）西根据地，发动群众，组织抗日救亡运动。5月，日伪军围攻泰西根据地，他协助团部组织在陆房突围后，转移到东平，进入鲁南，参加了白彦争夺战。

1940年3月，乘日伪军进驻郓城县谭庄村立足未稳之机，徐秋率部夜袭敌营，一举歼敌200余人，缴获大批枪支弹药。1940年秋，根据上级党委指示，积极选拔、培训部队干部去鲁南工作，并带一个特务营完成了干部护送任务。1940年9月，徐秋率特务营去山东省郓城县以西的洞口反“扫荡”，组织了一场伏击战，将对面日军打得逃往县城。

同年9月，根据地派南下干部途经郓城，徐秋主动担负起境内护送任务。此后在赵楼受到敌人包围，徐秋探知敌人兵力过多，如硬打硬拼，势必造成更大损失。在这种敌我力量悬殊的危险关头，决定突围。他先命令魏振方带一个连，从赵楼西边渡河突围成功。为了保护南下干部的安全，徐秋率领部队从赵楼正方突围。渡河时因敌人火力过猛，徐秋不幸中弹牺牲，时年37岁，后被安葬在山东省郓城县烈士陵园。

尽管时隔几十年，先烈徐秋的英勇事迹仍在平江县传颂。“为我们有这样的革命先辈感到骄傲和自豪，他的精神也必将激励我们继续奋发勇为，更好地为人民服务。”李双龙告诉记者。

胡一新
不怕流血牺牲的革命『乐天派』

胡一新，原名佃敬，又名一庭。1907 年出生，绥远（今内蒙古）丰镇人，1932 年秋加入中国共产党。

1938 年 7 月，胡一新任八路军第 120 师独立第 6 支队政治委员。1939 年秋，日、伪军兵分数路，大举进犯晋绥边根据地。胡一新率领骑兵营袭击临时驻扎在右玉县杀虎口的一个伪骑兵连指挥部，战斗中，胡一新被子弹击中左眼和膝部。

1940 年冬天，胡一新病情突然加剧，医治无效牺牲，时年 33 岁。

英烈语录

哭啥？革命哪有不流血的！我这腿很快就会好的，到那时我还要上前线打敌人呢！

——胡一新

内蒙古自治区丰镇市元山子乡，冬日的阳光下，胡一新烈士塑像熠熠生辉。不时有人来到这里，敬献一束鲜花，低头默哀，缅怀这位令人钦佩的革命先烈。

胡一新，原名佃敬，又名一庭。1907 年出生，绥远（今内蒙古）丰镇人，1932 年秋加入中国共产党。1933 年 4 月任察哈尔抗日同盟军第 2 师 2 团一个连队的政治工作负责人。6 月下旬，第 2 师在吉鸿昌将军的指挥下，征战察北。在收复康保、宝昌、沽源等县的战斗中，胡一新英勇顽强，不怕流血牺牲，成为大家学习的表率。1936 年 11 月，他参加了著名的百灵庙战役。1937 年 10 月任中共清水河县委书记。

胡一新知识渊博，文笔流畅，能拉善唱。1937 年 12 月任中共晋绥边区特委宣传部部长期间，他充分发挥特长，排节目，作演讲，广泛宣传教育，发动群众，使党的统一战线政策和抗日救国十大纲领家喻户晓，深入人心。在晋绥地区出现了有人出人，有枪出枪，有钱出钱，全民抗战的喜人局面。

1938 年 7 月，胡一新任八路军第 120 师独立第 6 支队政治委员。担任政委后，他善于发现战士的思想问题，引导大家以乐观向上的革命精神正视时局，和同志们建立了深厚的友谊。

胡一新不仅是一位出色的思想政治工作者，还是一位优秀的军事指挥员。为适应山区游击战争特点，他刻苦训练骑射。练骑术，摔下来，再爬上去，直到不管多么性烈的马，即使无鞍鞴也能驾驭；练射击，一丝不苟，终于成为全队有名的神枪手。在他的带领下，第 6 支队军政素质显著提高，成为一支战斗力极强的英雄部队。

1939 年秋，日、伪军兵分数路，大举进犯晋绥边根据地。胡一新率领骑兵营袭击临时驻扎在右玉县杀虎口的一个伪骑兵连指挥部，仅用半个多小时就全歼伪骑兵连。战斗中，胡一新被子弹击中左眼和膝部，膝关节被打碎。后在朔县墙凤岭韩懈村隐蔽治疗。

1940 年 4 月，胡一新被转送延安治疗。治疗期间，他不顾病痛折磨，每天拄拐杖锻炼身体，精读毛泽东的《论持久战》，还根据党校课程，拟定自学计划。由于医疗条件太差，药品缺乏，他的伤势日渐严重，伤口化脓，总是流血不止。前来探望的战友伤心落泪，他却强忍着疼痛安慰对方：“哭啥？革命哪有不流血的！我这腿很快就会好的，到那时我还要上前线打敌人呢！”在医院，他既是伤病员，又是医生的好助手，经常帮助做伤病员的思想工作，还为大家演奏乐器、演唱歌曲。

1940 年冬天，胡一新病情突然加剧，医治无效牺牲，时年 33 岁。

2014 年春天，丰镇市元山子乡隆重举行胡一新烈士塑像揭幕仪式。每年都有大量来自全国各地的游客到这里，追寻先辈足迹，缅怀革命烈士。“为了革命事业，胡一新冲锋陷阵，百折不挠，我为他感到自豪，也经常教育子女们，学习他的精神，为党和人民奉献一生。”胡一新的侄子胡选民说。

陈翰章

投笔从戎杀日寇 此头慨然国门悬

陈翰章，1913 年生于吉林敦化，1930 年从敦化敖东中学毕业。“九一八事变”后，日军占领我国东北。面对侵略者的铁蹄，陈翰章毅然投笔从戎。1932 年，他告别年迈的父母和新婚妻子，参加抗日救国军。在血与火的淬炼中，陈翰章光荣地加入中国共产党，成为抗日名将周保中的得力助手。1940 年 12 月 8 日，由于叛徒出卖，陈翰章被日军所围。陈翰章拒绝了敌人的劝降，在激战中壮烈牺牲，年仅 27 岁。

英烈语录

同学们，假如我的理想因为被帝国主义的侵略而打破的话，我将毫不可惜。为了祖国，我一定投笔从戎，用手中的枪和我的鲜血、生命来赶走敌人！

——陈翰章

在吉林省敦化市东北抗联寒葱岭密营文化展览馆，抗日名将陈翰章的34篇日记格外引人注目。“为抗日救国而奋斗到底，绝对不叛变！”日记带着观众穿越历史，再现英雄那可歌可泣的壮丽人生。

陈翰章，1913年生于吉林敦化，1930年从敦化敖东中学毕业。“我立志从事教育事业，目的是为了培养优秀人才，改造国家……假如我的理想因为被帝国主义的侵略而打破的话，我将毫不可惜。为了祖国，我一定投笔从戎，用我手中的枪和我的鲜血、生命来赶走敌人！”这是陈翰章在毕业典礼上发出的铮铮誓言。

“九一八事变”后，日军占领我国东北。面对侵略者的铁蹄，陈翰章毅然投笔从戎。1932年，他告别年迈的父母和新婚妻子，参加抗日救国军。在血与火的淬炼中，陈翰章光荣地加入中国共产党，成为抗日名将周保中的得力助手。

1934年春，陈翰章被派往北平、天津进行抗日救国活动，同年6月调任绥宁反日同盟军工农义务队政治指导员。1935年2月任东北反日联合军第5军2师参谋长，率部在宁安、额穆、敦化、蛟河等地打击日军。1936年起在东北抗日联军第2军2师（后改为5师）先后任师参谋长、师长，同年6月被选为中共南满省委委员。率部在宁安、镜泊湖地区开展抗日游击战，曾指挥攻打宁安、横道河子、破袭北湖头水电工程等战斗。

“舅舅为人谦和、长相清秀，人们都认为他是最不可能参加抗战的人。事实上，他不但加入了抗联部队，还极为英勇善战。”陈翰章的外甥鄢成说。

1939年夏，陈翰章担任东北抗联第1路军3方面军指挥，与魏拯民指挥所部攻点打援，取得攻占安图大沙河等胜利。后又成功指挥了寒葱岭伏击战、智取额穆县城等战斗。他不畏强敌，敢于同侵略者正面交锋，被百姓称为“镜泊英雄”。

1940年12月8日，由于叛徒出卖，陈翰章被日军所围。陈翰章拒绝了敌人的劝降，在激战中壮烈牺牲，年仅27岁。残暴的敌人剜去他的双眼，割下他的头颅，送到伪满洲国新京（今长春）邀功请赏。

1948年长春解放后，党组织派人找到了他的遗首，安放在东北烈士纪念馆，1955年又安葬于哈尔滨烈士陵园。2013年6月13日，陈翰章烈士身首合一，安葬在敦化市陈翰章烈士陵园。

寒葱岭密营文化展览馆、陈翰章烈士陵园、翰章乡学校……在敦化，陈翰章烈士的纪念地随处可见。这些红色遗迹连点成线，吸引着省内外访客参观、凭吊。“翰章精神是敦化市永远的精神传承，也是我们发展的不竭动力。”敦化市委党校研究室主任张彦夫说。

汪雅臣

传奇『双龙』 以身殉国

汪雅臣1911年出生于蓬莱，幼年丧父，家境贫寒，随母亲逃荒至黑龙江省五常县，13岁给地主放猪，15岁当伐木工人，后曾被土匪劫持入伙，后被驻吉林东北军收编。1935年加入中国共产党，后任东北抗日联军第10军军长。

1941年1月29日，汪雅臣率军部部分战士宿营九十五顶子山。因叛徒告密，部队被日伪军包围。在战斗中，汪雅臣胸部、腿部多处中弹，被捕后壮烈殉国，年仅30岁。

抗日名将汪雅臣牺牲77年后，他的英雄故事仍在老家口耳相传。“北沟人民为有这样一位英雄倍感自豪，我们开展党性教育时，经常用他的事迹作为学习材料。”山东省蓬莱市北沟镇组织委员王伟说。

汪雅臣1911年出生于蓬莱，幼年丧父，家境贫寒，随母亲逃荒至黑龙江省五常县，13岁给地主放猪，15岁当伐木工人，后被土匪劫持入伙，报号“双龙”，后被驻吉林东北军收编。

九一八事变后，汪雅臣带领八九个爱国青年携械出走，组织“双龙队”，在五常县南山密林里与日军守备队和森林警察周旋，坚持开展游击战。

1934年2月，汪雅臣联合五常一带反日山林队的首领及附近群众700余人，在五常县尖子山老爷庙前召开了抗日大会，成立反“满”抗日救国义勇军，汪雅臣被选为首领。汪雅臣的部队作战勇敢、纪律严明，有力推动了五常一带抗日斗争的发展。

在斗争实践中，汪雅臣逐渐感到只有共产党才能领导人民坚持抗日斗争，打败日本侵略者。1935年春，他光荣加入中国共产党。后任东北抗日联军第10军军长。

由于日伪军实行“并屯”政策和不断“讨伐”，汪雅臣所在的抗日联军第10军的密营被日军破坏，部队失去了根据地，抗战遇到了难以想象的困难。在艰苦斗争的岁月里，他以身作则，和战士同甘共苦。部队断粮，他和战士一样以野菜、树皮充饥，坚持抗日斗争。

1941年1月29日，汪雅臣率军部部分战士宿营九十五顶子山。因叛徒告密，部队被日伪军包围。汪雅臣临危不惧，委托副军长张忠喜带领大部人员从东南山口突围，自己带领几人坚守西面山头进行掩护。在战斗中，汪雅臣胸部、腿部多处中弹，被捕后壮烈殉国，年仅30岁。

据不完全统计，从1933年至1940年的8年中，汪雅臣率领部队同日伪军进行大、小战斗400余次，共击毙击伤敌军近2000人，缴获各种枪支1800余支、粮食100余石、现款9000余元，其他物资折价9万余元，解救 120 名劳工和 9 名被押爱国者。

1946 年五常解放后，人们为了缅怀抗日英雄汪雅臣，将沙河子镇蛤蜊河子村命名为“双龙村”，将五常镇的南北大街改为“雅臣大街”。在他的老家蓬莱，汪雅臣的革命精神更是激励着一代代人。“汪雅臣有勇有谋，更有为国为民的赤胆忠心。我们要把他身上这种宝贵的民族精神发扬光大，全身心投入到新时代中国特色社会主义建设上，为实现中华民族伟大复兴中国梦贡献力量。”蓬莱市党史研究室征集编研科科长董琳琳说。

张正坤

『决不向敌人屈服』

张正坤，1898年出生于湖南省浏阳县（现湖南省浏阳市）。1926年10月加入中国共产党。

1941年初，国民党顽固派制造了震惊中外的皖南事变。张正坤在危急关头受命担任第3纵队司令员，组织部队突围，在战斗中重伤被俘。1941年夏，张正坤组织被俘战友们越狱，为掩护难友脱险英勇牺牲，时年43岁。

英烈语录

革命是要流血的，我们要坚持斗争，决不向敌人屈服！

——张正坤

行走在张正坤烈士的家乡湖南省浏阳市北盛镇，处处能感受到涌动着的改革发展热潮。昔日贫穷落后的偏僻山乡，如今已发展成浏阳经济建设“主战场”——国家级浏阳经开区所在地，近年来知名企业不断落户，城乡变化日新月异，人民生活幸福安康。

张正坤，1898 年出生于湖南省浏阳县（现湖南省浏阳市）。1926 年 10 月加入中国共产党。

1927 年马日事变后，张正坤参加十万农军围攻长沙的战斗，1929 年冬参加党领导的游击队，1930 年任游击队浏北第一支队支队长，后任浏阳赤卫军特务连连长。

1931 年 3 月，张正坤任湘鄂赣红军独立第 1 师 3 营营长。1933 年初，任红十八军 156 团团长。1933 年冬，被选为出席中华苏维埃共和国第二次全国代表大会代表，前往中央苏区。会后，张正坤留在中央苏区，进入红军大学学习。

1934 年 5 月，张正坤从红军大学学习结业后，调任红 18 师 53 团团长，参加了第五次反“围剿”战斗。同年 8 月，随红六军团西征，参加创建湘鄂川黔根据地的斗争。1935 年 11 月，红二、六军团从湘西出发长征，张正坤率 53 团牵制敌军，掩护主力部队突围转移。长征中，于 1936 年初任红 18 师师长兼政委。

1937 年 8 月，张正坤受党派遣回到湖南，担任湘鄂赣人民抗日红军游击支队副司令员，不久任新四军第一支队第 1 团副团长。1938 年初，随部队奔赴皖南抗日前线，调任第 2 团团长。5 月，随陈毅到苏南，参加开辟以茅山为中心的抗日根据地。

1940 年，陈毅率苏南主力渡过长江，建立苏北指挥部。张正坤奉命留在苏南坚持斗争。不久，江南新四军组编为 3 个新的支队，张正坤任第三支队司令员兼参谋长，转战江南，浴血抗战。

1941 年初，国民党顽固派制造了震惊中外的皖南事变。张正坤在危急关头受命担任第 3 纵队司令员，组织部队突围。他指挥部队同数倍于己的顽军激战七昼夜，终因寡不敌众，部队伤亡惨重，他在战斗中重伤被俘。

国民党顽军将张正坤作为“要犯”囚禁于江西上饶集中营七峰岩监狱，在狱中对他进行游说诱降、刑讯折磨和死亡威胁，但丝毫没有动摇他的革命意志。他组织狱中被俘难友同敌人进行了坚决斗争，他对难友们说：“革命是要流血的，我们要坚持斗争，决不向敌人屈服！”

1941 年夏，张正坤组织被俘战友们越狱，为掩护难友脱险英勇牺牲，时年 43 岁。

张正坤烈士家乡北盛镇党委书记李斌说，北盛将继承发扬革命烈士精神，主攻园镇融合发展和乡村振兴战略，力争新时代更有新作为。

周桂生
献身革命　矢志不渝

周桂生，名仲生，1906年9月出生于平江县浊水乡丁溪村。1928年加入中国共产党，报名参加红5军。先后任瑞（金）会（昌）县游击司令部参谋长，新四军第2支队副团长、团长，皖南第2纵队司令员，新四军第2纵队司令员。1941年1月，皖南事变发生后，为掩护战友突围，激战中壮烈牺牲，时年35岁。

作为中国十大“将军县”之一的湖南省平江县，在充满硝烟烽火的革命年代里涌现了许多革命先驱，周桂生就是其中被广泛传颂的一位革命勇士。

周桂生，名仲生，1906 年 9 月出生于平江县浊水乡丁溪村一个贫苦农民家庭。父亲周金书，长工出身，1930 年参加革命，曾任平江县肥聚区 13 乡工农兵苏维埃政府财务委员，1931 年在恩溪被反动地主武装杀害。母亲廖瑞珍是位勤劳俭朴的农村妇女，生有三男一女，周桂生居长。

周桂生 7 岁入私塾读书，10 岁时因家境贫困，辍学给人放牛。1926 年 5 月，中共平江县委在全县范围开展“打倒军阀统治”“完成国民革命”的大宣传，周桂生受到了深刻的教育。同年 7 月参加了中共平江县委领导的暗探队，装扮成卖柴农民，混进了敌军司令部，为北伐部队搜集情报，同年 9 月加入乡农民协会。

1928 年 3 月参加平江农民扑城暴动，周桂生自告奋勇参加敢死队，用炸药包炸毁敌军火力点，为扑城农军打开了一条通道。4 月加入中国共产党。1928 年 7 月 24 日，平江起义部队领导人和中共平江县委召开群众大会，宣布成立工农红军第 5 军和平江县工农兵苏维埃政府。周桂生参加了成立大会，毅然报名参加红 5 军，12 月随部队到井冈山。

1929 年 1 月，湘赣两省国民党军兵分三路，向井冈山的大小五井进犯。周桂生在小五井与敌激战 3 昼夜，坚守阵地，击毙敌人 20 多名。在向敌人出击时腿部负伤，但他带伤坚持战斗，直至击退敌人才下火线。由于作战勇敢，被提升为班长。1930 年在红 5 军任排长，参加两次攻打长沙战斗。攻克长沙后，周桂生负责宣传工作。他在红 3 军团政治部主任袁国平的领导下，通宵达旦地写稿、组稿、印刷，在占领长沙的第二天就出版了《红军日报》，共出版 6 期，广泛宣传党和红军的各项政策。后任红 16 军 7 师连长、营长，红 16 师团长，参加中央苏区、湘鄂赣苏区反“围剿”。1932 年 7 月，红一方面军发起水口战役，他率领 1 个营进至广东大小梅岭关及仙人岭，出敌不意，攀悬崖、登峭壁，占领阵地，牵制大庾河（今桃河）以北之敌，为夺取战役的胜利立下头功。

中央红军主力长征后，他任瑞（金）会（昌）县游击司令部参谋长，在长汀、瑞金、会昌交界的武夷山区坚持了极其艰苦的 3 年游击战争。1937 年春任汀瑞游击支队参谋长，继续在闽赣边坚持游击战争。

1937 年抗战爆发后，周桂生奉命奔赴皖南抗日前线。到达安徽太平以后，新四军 4 个支队胜利会师。他从 1938 年起任新四军第 2 支队副团长、团长，皖南第 2 纵队司令员。在抗日前线，他身先士卒，经历了无数次战斗，多次率部痛击日伪军。

1940 年 12 月底，新四军老三团、新三团奉命合编为新四军第 2 支队，周桂生任司令员。1941 年 1 月，国民党顽固派制造皖南事变，新四军皖南部队遭到包围，新四军决定，除军直机关部队外，编成 3 个纵队，周桂生任第 2 纵队司令员，率第 2 纵队为中央纵队，掩护军直属队及教导总队突围。

为了保护军首长的安全，周桂生亲临前沿阵地指挥作战。13 日黄昏，率部转移至狮形山西北高地时，遭遇敌人重兵围攻。激战中，周桂生身上多处中弹，仍端枪冲向敌人，掩护战友突围，最终壮烈牺牲，时年 35 岁。

朱镜我 以笔为刃的文化战士

朱镜我，原名朱德安，笔名雪纯，1901 年生于浙江省鄞县（今宁波市鄞州区）。1928 年 5 月，朱镜我经党中央批准加入中国共产党。1941 年 1 月，在皖南事变中，朱镜我随新四军军部撤离安徽泾县云岭，遭遇国民党军队的重重包围。12 日，朱镜我在突围时壮烈牺牲，时年 40 岁。

在浙江宁波鄞州区横溪镇金峨村朱家峰，有一座名为“雪纯”的烈士纪念亭，亭四周有青砖灰墙围护，松柏环绕，庄严肃穆。亭两边柱上刻着“为真理四处奔波宣传马列，誓抗日皖南突围捐躯祖国”两行字，描述的是我党文化战士朱镜我。

朱镜我，原名朱德安，笔名雪纯，1901年生于浙江省鄞县（今宁波市鄞州区）。在他10岁那年，父母相继去世，被寄养在外祖母家。1920年7月，朱镜我以优异成绩被录取为浙江公费留日学生，并于1924年考取了东京帝国大学社会学系，1927年毕业。

1927年10月，为支持革命文学事业，朱镜我回到上海，加入文化革命团体——创造社，主编《文化批判》月刊。他宣传马克思主义文艺理论，提出无产阶级革命文学的口号，并翻译了恩格斯的《社会主义从空想到科学的发展》，此书成为我国最早出版的恩格斯名著的全译中文单行本。1928年5月，朱镜我经党中央批准加入中国共产党。

1929年，中共中央文化工作委员会（简称文委）成立，朱镜我为文委成员，参与筹建中国左翼作家联盟。1930年3月起，先后任文委书记和中共江苏省委宣传部部长。同年5月，中国社会科学家联盟成立，朱镜我任第一任党团书记。随后，中国左翼文化总同盟成立，朱镜我兼任党团书记，领导革命文化运动和党的宣传工作。

同时，朱镜我还以一名文化战士的姿态，积极在“左联”刊物上发表了《中国目前思想界底解剖》《意识形态论》《起来，纪念五一劳动节》《徘徊在十字街头的，究竟是谁？》等系列文章，宣传马克思主义，抨击国民党反动政府，为无产阶级革命呐喊助阵。

1931年冬，朱镜我调到中共中央宣传部工作。1932年秋介绍陈赓同鲁迅面谈。1933年初，党中央机关迁往江西苏区，决定在上海成立上海中央局。翌年，朱镜我被任命为上海中央局宣传部部长，参与领导极端艰难情况下的白区地下斗争。

1935 年 2 月，上海中央局遭到敌人破坏，朱镜我被反动当局逮捕。他在狱中大义凛然，面对敌人威逼利诱坚贞不屈，身患重病仍用诗人雪莱“冬天到了，春天还会远吗？”的诗句鼓励被捕同志坚持斗争。

1937 年 6 月，经党组织营救，身患重病的朱镜我获释。未等病体恢复，朱镜我便奔走浙江各地宣传抗日。1937 年 9 月起，他先后在宁波和杭州建立了中共宁波临时特别委员会、中共浙东临时特别委员会，以及中共浙江省临时工作委员会。

当时，地方党的活动经费很困难，朱镜我回到老家，将家产抵押，变卖 10 多亩土地，用作党费和革命事业的活动经费。

1938 年春，朱镜我调到江西南昌新四军办事处和中共中央东南分局宣传部工作，主编《剑报》副刊。同年秋到皖南新四军军部，任军政治部宣传教育部第一任部长，兼军部刊物《抗敌》杂志主编。

1940 年，国民党反动派发动第二次反共高潮，向皖南新四军逼近。朱镜我于6月间创作了《我们是战无不胜的铁军》一歌歌词，由何士德谱了曲。这是一首战斗性很强的歌曲，表现了工农武装奋勇杀敌、百折不挠的意志，在新四军广为流传。

1941 年 1 月，在皖南事变中，朱镜我随军部撤离安徽泾县云岭，遭遇国民党军队的重重包围。12 日，朱镜我在突围时壮烈牺牲，时年 40 岁。

1998 年，当地政府拨款 10 万元建了烈士纪念亭。近年来，当地政府还出资维修了朱镜我故居原址，并新建了朱镜我纪念公园，占地逾 2 亩。

白乙化

『血沃幽燕小白龙』

白乙化，字野鹤，满族，1911 年6月 11 日出生，今辽宁辽阳人。1930 年秋加入中国共产党。1941 年2月4日，伪满道田讨伐队 170 余人沿白河向根据地进犯，白乙化率部在密云县马营西山与敌人激战。在战斗即将胜利结束时，白乙化被日军击中头部，壮烈牺牲，时年 30 岁。

英烈语录

吾当先去杀敌，再来求学。如能战死在抗战杀敌的战场上，余愿得偿矣！

——白乙化

辽宁省辽阳市宏伟区石厂峪村一条南北向的主干路旁，白乙化烈士故居近年来人流不断。低矮的院墙里，一棵据说与烈士同龄的枣树今已亭亭如盖，见证着英雄的宏伟一生。

白乙化，字野鹤，满族，1911 年 6 月 11 日出生，今辽宁辽阳人。1928 年，他考入沈阳东北军教导队，后升入东北陆军讲武堂步科。1929 年，考入北平中国大学政治系预科。其间，他阅读了《共产党宣言》等大量进步书刊，1930 年秋加入中国共产党。九一八事变后，白乙化向校方提出抗战申请。"吾当先去杀敌，再来求学。如能战死在抗战杀敌的战场上，余愿得偿矣！"他返回辽阳，组织抗日义勇军，率部转战辽西、热北、锦西，连战连捷，得绰号"小白龙"。

1935 年 12 月 9 日，白乙化参与组织了"一二·九"学生运动，他奋勇当先，积极组织同学集会、游行。1936 年 2 月，在北平大学法商学院的学生抗日大会上，他发表演讲，强烈要求国民党政府出兵抗日，收复东北，会后遭逮捕。在监狱里，他继续进行抗日救亡宣传，组织难友同反动派斗争。1936 年夏出狱后，他奉党的指示赴绥西东北垦区工作，历任中共绥西特委委员、中共垦区工委书记、垦区特委书记。

全国抗战爆发后，白乙化组织成立抗日民族先锋队，任总队长。1939 年，抗日民族先锋队与冀东抗日联军整编为华北抗日联军，白乙化任副司令员。在这期间，他指挥了沿河战斗，击溃日军大岛大队。后所部改编为八路军冀热察挺进军平北军分区第十团，白乙化任团长。改编后他即率部参加了粉碎日军对平西抗日根据地 10 路围攻的战役，屡创日军，并在东胡林阻击战中击落敌机 1 架。

1940 年 4 月，为完成“巩固平西，坚持冀东，开辟平北”的战略任务，白乙化率十团到密云潮白河以西地区，经大小 100 余次战斗，开辟丰（宁）滦（平）密（云）敌后抗日根据地。组建多支地方抗日武装，协助地方建立党组织，领导丰滦密抗日军民开展了艰苦卓绝的敌后武装斗争。

1940 年 9 月至 11 月，白乙化及时返回内线，寻机打击撤退之敌，一举歼灭日军哲田中队，取得了这次反“扫荡”的胜利。他指挥十团粉碎了日伪军对丰滦密的大“扫荡”，并在反“扫荡”中率部开辟新区，使丰滦密抗日游击根据地由初创时的 4 个区一下发展到 8 个区。

白乙化智勇双全，加上十团屡战屡胜，根据地迅速发展，丰滦密人民十分信赖和拥戴他。1941 年 2 月 4 日，伪满道田讨伐队 170 余人沿白河向根据地进犯，白乙化率部在密云县马营西山与敌人激战，毙、俘敌 117 人，保卫了根据地。但在战斗即将胜利结束时，白乙化被日军击中头部，壮烈牺牲，时年 30 岁。

白乙化牺牲后，八路军冀热察挺进军发表了《告全军同志书》，赞扬他是“优秀的指挥员、民族英雄、无产阶级的先锋”。萧克将军称赞白乙化“血沃幽燕，名垂千古”。白乙化烈士的侄子白成亮自 2002 年开始致力于烈士遗物和事迹的发掘工作，2009 年，辽阳市宏伟区对白乙化烈士故居进行了重新修缮，使之成为爱国主义教育基地，他的革命业绩将永远垂范后人。

贾力更

出生入死 抗战到底

贾力更，原名康富成，蒙古族，1907 年出生，内蒙古土默特旗人。1925 年加入中国共产主义青年团，不久转为中国共产党党员。1941 年 3 月 19 日，贾力更带领一批爱国青年前往延安，途中在绥西遭日伪军包围，在激战中壮烈牺牲，年仅 34 岁。

英烈挽歌

出入刀丛只身趋，大同城内敌尸飞，如此中华好健儿，堪做楷模永学习。

——杨植霖

在位于呼和浩特市土默特左旗把什村的贾力更烈士纪念馆，人们冒着严寒前来纪念英魂。纪念馆一角，与贾力更一同工作和生活过的、曾任绥远省（今内蒙古自治区）人民政府主席的杨植霖写下的一首赞颂贾力更的诗，令人印象深刻：出入刀丛只身趋，大同城内敌尸飞，如此中华好健儿，堪做楷模永学习……

贾力更，原名康富成，蒙古族，1907 年出生，内蒙古土默特旗人。青年时代在反帝爱国思想影响下，积极参加学生运动。1925 年加入中国共产主义青年团，不久转为中国共产党党员。

全面抗战爆发后，党组织派贾力更回到绥远，与一批共产党员领导土默川人民开展抗日救亡运动。1938 年，党中央决定在大青山建立抗日游击根据地。贾力更按照党的指示，发动各族群众支援八路军 120 师创建大青山抗日游击根据地。他在蒙古族群众中宣传党的民族政策和主张，引导蒙古族青年投身革命，为党培养大批少数民族干部做出了重要贡献。

同时，他还奉党的指示，深入敌占区，揭露日本侵略者以“复兴蒙古族”之名，行吞并内蒙古、分裂中国之实的罪恶阴谋，争取伪蒙疆军政人员弃暗投明、参加抗日。

1938 年，贾力更得知日军在大同城北购置了军火库，正在储运大批武器弹药，为进攻做准备。虽然伤病未愈，但他当机立断，化装成劳工，只身潜入日军军火库。

贾力更的儿子康存计讲述：“他摸清日本人军火库的枪支弹药，用准备好的酒瓶子，底下是汽油，汽油上面夹层纸，纸上头是硫酸，在太阳落山的时候，一下把这个军火库给引爆了。”

“这在当时是很振奋人心的。回来以后，他不仅组织了党的支部，还在一些地方组织了抗日救国会，为八路军开辟大青山根据地做了群众准备。”土默特历史文化研究会前会长于永发说。

1939 年 9 月，中共土默特旗成立蒙古工作委员会，贾力更是主要负责人之一。遵照党中央关于坚持与发展广泛的地方与群众性的游击战争的指示，贾力更做了大量工作，创建了蒙古族抗日游击队，成为绥西地区影响较大的地方抗日武装。1939 年底，贾力更被绥蒙区党委推选为中国共产党第七次全国代表大会代表。

1940 年初，贾力更先后任中共绥西地委蒙民部部长、晋绥游击区行政公署驻绥察办事处处长，负责绥西地区蒙古民族工作。1940 年，在日军对抗日根据地进行残酷的军事“扫荡”和经济封锁的严峻形势下，贾力更领导中共土默特旗蒙古工作委员会，展开了卓有成效的反封锁斗争，多次带领蒙古族群众穿过封锁线，为抗日根据地运送武器弹药、通信器材等急需物资。

“那种艰苦斗争的环境之下，贾力更在筹集物资这方面，是做了突出的贡献的，被李井泉等老战友亲切地称为‘我们革命的军需部长’。”贾力更烈士纪念馆馆长阿勒腾说。

1941 年 3 月，党组织决定调贾力更回延安学习，并准备参加党的七大。3 月 19 日，贾力更带领一批爱国青年前往延安，途中在绥西遭日伪军包围，在激战中壮烈牺牲，年仅 34 岁。

挽救民族危亡，实现民族复兴是贾力更毕生的追求。如今，在贾力更出生和曾经战斗过的土默特大地上，全面建成小康社会、实现经济社会高质量发展的号角已经吹响。贾力更的夙愿得偿。

魏拯民

为拯救人民于水火而斗争

魏拯民，原名关有维，1909 年出生于山西屯留。1926 年加入中国共产主义青年团，1927 年转入中国共产党。曾任中共哈尔滨市道外区委书记、市委书记，组织发动群众进行抗日斗争。1940 年 2 月杨靖宇牺牲后，第 1 路军和省委的工作重担全部落在魏拯民肩上。他拖着病体，率部坚持艰苦卓绝的斗争。由于敌人的严密封锁，魏拯民只能靠吃树皮、松子和蘑菇等度日，加重了病情，于 1941 年 3 月 8 日病逝，年仅 32 岁。

英烈语录

革命不能光靠勇敢和热情，还要有政治头脑，要有远大理想。政治是武器，它不但能使我们进步，更能有力量打击敌人，咱们抗联的每一个指战员都要做政治宣传员。

——魏拯民

位于山西省长治市屯留区路村乡王村的魏拯民故居经过修缮，最近正在策划布展工作。保留原有风貌的烈士故居与晋东南新农村的民居并列于村庄内，默默诉说着跨越一个世纪的沧桑巨变。

魏拯民，原名关有维，1909 年出生于山西屯留。早年因积极参加进步学生运动，被反动当局开除学籍。1926 年加入中国共产主义青年团，1927 年转入中国共产党。曾在北平、安阳等地进行革命活动。

九一八事变发生后，魏拯民被党组织派往东北工作，曾任中共哈尔滨市道外区委书记、市委书记，组织发动群众进行抗日斗争。后被派往东满，他走遍了各根据地和游击区，深受同志们的信任和支持。后任中共东满特委书记，参与领导创建东北人民革命军第 2 军，任政治委员，联合东满地区各抗日武装开展游击战。1935 年夏赴莫斯科参加共产国际第七次代表大会。回国后，魏拯民任东满省委书记、东北抗日联军第 2 军政治委员。他曾同军长王德泰指挥所部北上牡丹江地区和远征南满地区，打通与吉东和南满的联系，与抗联兄弟部队配合作战，扩大了抗日游击区。1936 年 7 月后，魏拯民任中共南满省委书记、东北抗联第 1 路军总政治部主任、第 1 路军副总司令，与第 1 路军总司令兼政治委员杨靖宇指挥所部在辉南、抚松、濛江（今靖宇）、金川、桦甸等地打击敌军，挫败日伪军多次大规模“讨伐”，曾指挥大沙河、寒葱岭等战斗。

1939 年冬，东北抗日游击战争的形势更加严峻，省委和第 1 路军决定把部队化整为零，分散活动。由于长期的战争环境，魏拯民积劳成疾，行军作战中常常昏倒在地。1940 年 2 月杨靖宇牺牲后，第 1 路军和省委的工作重担全部落在魏拯民肩上。他拖着病体，率部坚持艰苦卓绝的斗争。这年冬天，他病情加重，不能随军行动，只好到长白山区的抗联密营中休养。他不顾疾病的折磨，常常昼夜不停地起草文件、书写报告、总结经验。在极端困难的条件下，鼓励同志们坚定胜利的信心。由于敌人的严密封锁，他只能靠吃树皮、松子和蘑菇等度日，加重了病情，于 1941 年 3 月 8 日病逝，年仅 32 岁。

直到中华人民共和国成立后，远在山西的魏拯民的家人才得知魏拯民曾参加抗日斗争并已牺牲的消息。“我小时候，通过宣传画册才能知道一些爷爷的具体事迹，爷爷牺牲时父亲还年幼。”魏拯民的孙子关毓贵说，“父亲从小就教育我们，要做一个正直的人、对社会有用的人，不能辜负爷爷的崇高理想，现在我也这样教育我的子女。”

村干部刘四虎说，他们不仅要把物质生活水平搞上去，还要把村里魏拯民等烈士为拯救人民于水火的革命精神完整地一代代传下去。“我们把收集整理好的资料发到村民家中，现在已经有村民可以为来访者做简单的讲解，我们的目标就是村里人人都是讲解员。”刘四虎说。

周子昆
戎马一生为革命

周子昆，原名周维宽，广西桂林人。1925年6月投身革命，同年10月加入中国共产党。1937年12月，任新四军副参谋长、中央革命军事委员会新四军分会委员。1941年初皖南事变后，3月13日，在泾县茂林蜜蜂洞被叛徒杀害，时年40岁。

英烈挽歌

周子昆原则性强，刚柔并济，有勇有谋，是个难得的将才。

——朱德

周子昆是中国工农红军和新四军高级指挥员，为中国革命立下了不朽功勋。桂林市委党史研究室专家黄利明说，周子昆出生于广西桂林，是从桂林走出去的革命英烈，他的英雄事迹至今仍在激励后人。

周子昆，原名周维宽，字仲和。祖籍湖南，1901 年出生于广西桂林一个中学教员家庭。早年曾参加五四运动。1919 年在广西甲种工业学校毕业后，入桂军刘震寰部当号兵，后任上士、事务长、排长。1925 年 6 月投身革命，入孙中山的建国陆海军大元帅府铁甲车队，任班长。同年 10 月加入中国共产党。11 月任叶挺独立团 2 营 4 连排长。1926 年随军北伐，参加了汀泗桥、贺胜桥和攻克武昌等战役，曾任连长、第 4 军军官教导大队大队长、营长。

1927 年 8 月，周子昆参加南昌起义。起义军南下广东失败后，随朱德、陈毅等转战闽赣粤湘边界。1928 年初参加湘南起义，任工农革命军第 1 师 28 团 1 营营长。4 月到井冈山。后历任红 4 军教导队副队长、红 6 军第 2 支队支队长，红 1 军团第 3 军参谋长、军长，红 5 军团参谋长、江西军区参谋长、福建军区总指挥、独立 22 师师长等职。参加了中央苏区历次反“围剿”和赣州、南雄水口等重要战役。在中央苏区期间，周子昆工作频繁变动，几上几下，但他一切听从党的安排，体现了共产党员的组织性和忠诚于革命事业的高贵品德。

1934 年 10 月，周子昆参加长征。先后任红 9 军团第 22 师师长、红 5 军团副参谋长。1935 年 6 月，红一方面军在四川懋功地区和红四方面军会师后，任红四方面军红军大学上级指挥科科长、红军总司令部第 1 局局长。1937 年初入中国抗日军事政治大学学习，兼任队长。

1937 年 12 月，周子昆任新四军副参谋长、中央革命军事委员会新四军分会委员，协助叶挺、项英组建新四军，并参与组织部队向苏南、皖中、皖东敌后挺进，建立抗日根据地，开展游击战争。1938 年 8 月兼任新四军教导总队总队长。他治军严格，重视司令部建设与部队的教育和训练，亲自编写教材和授课，对提高部队战斗力做出了贡献。

1941 年初皖南事变后，3 月 13 日，周子昆在泾县茂林蜜蜂洞被叛徒杀害，时年 40 岁。1955 年 6 月，遗骸移葬于南京雨花台革命烈士陵园。

桂林市秀峰区丽君街道党工委书记司俊红说，2018 年是广西壮族自治区成立 60 周年，英烈的家乡发生了翻天覆地的变化，家乡人民的生活越来越好。“走进新时代，我们一定要继承好英烈的革命遗志，不忘初心，砥砺前行，把家乡建设得更加美好。”

谢晋元等『八百壮士』孤军血战四行

1937 年 10 月 26 日，第 88 师 262 旅 524 团团附谢晋元受命率官兵 420 余人留守闸北，掩护大部队撤退。他们于 10 月 27 日凌晨进驻苏州河北的四行仓库。为了迷惑日军，四行守军对外称八百人，故外界敬之为“八百壮士”。

谢晋元以卓越胆识和机敏的指挥，率部在弹丸之地与穷凶极恶的日军激战四昼夜，打退敌人 10 余次疯狂进攻，毙伤日军 200 余人，用生命和鲜血奏响了一曲抗击侵略的壮丽凯歌，史称“八百壮士守四行”。

英烈语录

勇敢杀敌八百兵，抗敌豪情以诗鸣；谁怜爱国千行泪，说到倭奴气不平。

——谢晋元

“中国不会亡，中国不会亡，你看那民族英雄谢团长；中国不会亡，中国不会亡，你看那八百壮士孤军奋斗守战场。”这一段歌唱当年“八百壮士”在四行仓库拼死抗敌的歌词，今天听来依旧让人热血沸腾。

谢晋元，广东省蕉岭县新铺墟尖坑村人，1905 年 4 月生。1922 年考入广州国立高等师范。1925 年底转入黄埔军校第四期。1926 年 10 月毕业，参加北伐战争。1934 年 9 月于庐山军官训练团第二期毕业。次年任第 88 师补充团中校营长。

1937 年，八一三淞沪抗战爆发后，日军陆续攻占大场、江湾、闸北、庙行地区，企图切断中国军队后路。国民政府军事委员会决定将主力撤至苏州河以南阵地。10 月 26 日，第 88 师 262 旅 524 团团附谢晋元受命率官兵 420 余人留守闸北，掩护大部队撤退。他们于 10 月 27 日凌晨进驻苏州河北的四行仓库。为了迷惑敌人，四行守军对外称八百人，故外界敬之为“八百壮士”。

10 月 27 日清晨，日军发现四行仓库内仍有中国守军，立刻发动进攻，受到“八百壮士”的猛烈阻击。10 月 28 日晚，谢晋元向官兵传达了“死守四行仓库，与最后阵地共存亡”的命令，表达了与全体官兵同坚守共存亡的决心，并勉励他们要展现不怕流血牺牲的军人气概和挽救国家民族危亡的精神。

谢晋元以卓越胆识和机敏的指挥，率部在弹丸之地与穷凶极恶的日军激战四昼夜，打退敌人 10 余次疯狂进攻，毙伤日军 200 余人，用生命和鲜血奏响了一曲抗击侵略的壮丽凯歌，史称“八百壮士守四行”。

10 月 31 日凌晨，在完成掩护大部队后撤任务后，“八百壮士”奉命全部撤入公共租界。此后，汪伪政府多次派人以高官厚禄诱降谢晋元，均被其严词拒绝。1941 年 4 月 24 日，谢晋元被汪伪政府收买的士兵用匕首刺死，时年 37 岁。同年 5 月，中国政府下令追赠谢晋元为陆军步兵少将。

抗战胜利后，为纪念谢晋元这位抗日英雄，上海北火车站到四行仓库的一条马路改名为晋元路，与孤军营一墙之隔的胶州公园改名为晋元公园，并在园内修建谢晋元墓。1983 年，谢晋元墓迁至上海市万国公墓名人墓园。2014 年，“谢晋元等八百壮士”被列入民政部公布的第一批 300 名著名抗日英烈和英雄群体名录。

上海四行仓库抗战纪念馆的瞻仰者络绎不绝。在南京大屠杀死难者国家公祭日之际，他们来到这里向惨遭日本侵略者杀戮的死难同胞表达哀思，也倾诉对“八百壮士”、对谢晋元的崇敬之情。

寸性奇
壮烈殉国中条山

寸性奇，字念洁。1895 年出生，云南腾冲人。1910 年加入同盟会。曾参加辛亥革命、护法战争等。1941 年 5 月，日军对中条山地区发动突然袭击。5 月 13 日晚，寸性奇率余部突围至毛家湾，遭遇日军拦截。为了免受被俘之辱，寸性奇拔剑自戕，壮烈殉国，时年 46 岁。

英烈语录

枪在手，剑在腰，不令为贼服也。济则为国争光，不济以死继之。

——寸性奇

在云南腾冲国殇墓园里，松柏挺立，抗日英烈、陆军中将寸性奇将军之墓坐落于“英烈祠”后面的小团坡上，墓碑由当地特有的火山石镶砌而成，刻有圆形橄榄枝花环，古朴简约，肃穆庄重。

寸性奇，字念洁。1895 年出生，云南腾冲人。1909 年考入云南陆军讲武堂，1910 年加入同盟会。曾参加辛亥革命、护法战争等。1923 年后，任孙中山建立的大元帅大本营少将录事参军、中央直辖宪兵司令等职。1926 年参加北伐战争，任国民革命军第 31 军参谋处长。1927 年任第 34 旅副旅长。

1937 年 7 月抗日战争全面爆发后，寸性奇任第 12 师 34 旅旅长，率部参加太原会战。因战功显著，升任第 3 军 12 师师长，并奉令调守中条山，担任西面阵地防守任务。

1941 年 5 月，日军对中条山地区发动突然袭击，张店镇阵地遭日军突破，12 师退守第二线阵地。5 月 12 日，日军攻陷左翼水谷朵高地。寸性奇奉命率部突围，右腿被日军炮火炸断。5 月 13 日晚，日军再次以猛烈炮火攻击中国守军阵地，寸性奇率余部突围至毛家湾，遭遇日军拦截。交战中左腿也被炸断。为了免受被俘之辱，寸性奇拔剑自戕，壮烈殉国，时年 46 岁。

1942 年，寸性奇被当时的国民政府追晋为陆军中将。1986 年 5 月被民政部追认为烈士。

1989 年，寸性奇遗骨被迁到腾冲国殇墓园安葬。在腾冲国殇墓园，寸性奇的墓碑正面刻有“抗日烈士、陆军中将寸性奇将军之墓”几个大字，左右两侧刻有寸性奇的生平事迹，碑体背面刻着悼念寸性奇的挽联、挽诗和挽词，其中一副写道：“百战殊勋著河上，双忠大节壮中原”。

“我的祖父寸品德也是抗战军人，长辈从小教育我们要爱国爱民族，忠孝传家。”寸性奇的曾孙寸锰说，寸氏后人始终不忘这份家国情怀，忠于国家、孝敬师长的家风家训将作为一种家族精神代代传承下去。

殷殷青山，英魂有寄。如今，腾冲国殇墓园作为全国著名的爱国主义教育基地，每年接待游客100余万人次，很多人走进国殇墓园缅怀寸性奇：献上一束花、敬上一杯酒、端上一盘瓜果……

“寸性奇将军是世守边关的将门之后，他身上流淌着‘精忠报国’的血脉。”滇西抗战纪念馆馆长杨素红说，在与日寇的殊死搏斗中，寸性奇身先士卒，冲锋陷阵，他在战斗中表现出的百折不挠、宁死不屈的革命精神、爱国热情，将激励着一代代后辈不畏艰难、奋勇前行。

唐淮源
誓死与中条山共存亡

唐淮源，字佛川。1886 年出生，云南江川人。1911 年毕业于云南陆军讲武堂，加入滇军。1937 年全国性抗日战争爆发后，唐淮源奉命北上，在冀西一带及晋东、晋南一带与日军作战。

1941 年 5 月，日军调集兵力 10 余万，分三路进犯中条山。唐淮源所部在温峪村附近被日军包围。唐淮源率官兵反复冲杀，奋力突围。终因四面受敌，弹尽援绝，所部官兵伤亡殆尽。

5 月 12 日，为了不被日军俘虏，唐淮源举枪自戕，壮烈殉国。时年 55 岁。

英烈语录

吾向以老母在，故有所虑，今大事已了，此身当为国有，誓与中条山共存亡！

——唐淮源

江川革命烈士陵园位于云南省玉溪市江川城南。陵园庄严肃穆、苍柏青翠。沿梯而上，镌刻着“革命烈士永垂不朽”的纪念碑巍峨耸立，纪念碑后方左侧就是抗日名将唐淮源的墓。

唐淮源，字佛川。1886 年出生，云南江川人。1911 年毕业于云南陆军讲武堂，加入滇军。先后担任排长、连长等职。1930 年任第 12 师副师长兼第 35 旅旅长。1932 年任第 12 师师长。1936 年 10 月任第 3 军副军长。

1937 年全国性抗日战争爆发后，唐淮源奉命北上，在冀西一带及晋东、晋南一带与日军作战。1937 年秋晋升为第 3 军军长。1938 年奉命率部转入晋南中条山作战。1941 年 5 月，日军调集兵力 10 余万，分三路进犯中条山。唐淮源所部在温峪村附近被日军包围。唐淮源率官兵反复冲杀，奋力突围。终因四面受敌，弹尽援绝，所部官兵伤亡殆尽。

身陷绝境时，唐淮源写下遗书：“余身受国恩，委于三军重任，当今战士伤亡殆尽，环境险恶，总军两部失去联系。余死后，望余之总司令及参谋长收拾本军残局，继续抗战，余死瞑目矣！”

5 月 12 日，为了不被日军俘虏，唐淮源举枪自戕，壮烈殉国。时年 55 岁。1942 年被国民政府追赠为陆军上将。

“国土未复失壮士，碧血千载染中条”“抵御外侮壮志未酬先殉国，杀身成仁忠魂永镇中条山”，在唐淮源慷慨就义壮烈殉国后，这些挽联充分表达出当时国人对他的痛悼和敬仰之情。

1942 年 1 月 4 日，为悼念唐淮源和中条山战役阵亡将士，当时的《云南日报》发表社论《哀痛悼忠魂》。社论中说：“回忆五年来之战史，如中条山之能坚守四年之久者有几？能以寡敌众，在械劣、粮缺、弹乏险恶之条件下屡挫敌锋，数度实施反‘扫荡’而均获成功者有几？高级将领能身先士卒，杀身成仁者又有几？……（唐）将军等之死，实为国家之无上损失。将军为国之干城，抗战之支柱。国家损此干城，抗战失此支柱，将增加抗日之困难，凭添战争之阻碍，吾人为国惜才，更难禁为之一哭！”

1990 年，唐淮源的骨灰从山西移葬到江川革命烈士陵园。唐淮源墓为锥形，水泥青石镶嵌，墓碑为大理石，上刻“抗日英烈陆军上将唐淮源之墓”。在墓旁，有一块唐淮源生平事迹牌，上面记录了他的戎马一生，其中一段话无不让观者动容：“（他）曾豪言，‘中国只有阵亡的军师长，没有被俘的军师长，千万不要由第三军开其端。’”现在，每年都有 2 万余人次到这里接受爱国主义教育，以各种方式纪念这位誓死与中条山共存亡的抗日英烈。

孙春林
为挽危亡艰苦战 埋骨青山是忠魂

孙春林，1906 年 5 月出生于山东省海阳县，1929 年秋加入中国共产党。

1941 年夏，孙春林任南海军分区司令员。8 月，孙春林带领部队转移到莱西县榛子沟村时，因为叛徒告密，被日伪军包围，在转移阵地时不幸中弹，英勇牺牲，时年35岁。

英烈语录

革命者不一定都能看到革命的成功，有的在战斗中牺牲了，这牺牲就是革命者的《革命成功》。

——孙春林

在孙春林烈士战斗过的山东莱西、平度等地，他光荣英勇而富有传奇色彩的一生，至今仍被广为传颂。

孙春林，1906 年 5 月出生于山东省海阳县西小滩村的一个农民家庭。1925 年入莱阳中学读书。1928 年考入烟台刘珍年部队创办的军官学校政训队。1929 年秋加入中国共产党。同年奉党组织派遣，任海阳县司马区保卫团大队长。1931 年任莱阳县鲍村民团军事教官。1933 年秋任莱阳县四区区队教练。不久，因叛徒出卖，遭到国民党当局通缉追捕，被迫到旅顺、沈阳、珲春、北京等地从事党的地下工作。

1936 年冬，孙春林考入阎锡山在太原创办的军官学校。利用一切机会揭露日军侵华行为，宣传共产党的抗日主张。毕业后，被分配到山西省崞县国民党军官教导团第八团任政训员。1937 年去延安中国抗日军事政治大学学习。

1938 年，孙春林回到胶东半岛，任中共南海特委独立团团长。1940 年任八路军五支队警卫营 1 营营长。率领部队先后攻克邱堡、北寺口等日伪据点，扩大了抗日根据地。1940 年冬，任北海军分区指挥部指挥。在主力部队调赴东海区的情况下，着手建立和发展武装队伍，深入群众进行调查研究，动员群众参军参战。在一个月里，组建了独立团，整顿了北海专区 5 个县大队。

1941 年夏，孙春林任南海军分区司令员。当时南海地区日伪势力比较强大，对抗日根据地构成严重威胁。面对艰难局势，孙春林同广大指导员同甘共苦，发动群众，扩建武装，带领部队拔据点、扫顽匪，取得很大成效。

1941 年 8 月，孙春林带领部队转移到莱西县榛子沟村时，因为叛徒告密，被日伪军包围。面对数倍于己的敌军，孙春林镇定指挥，在转移阵地时不幸中弹，英勇牺牲，时年 35 岁。

孙春林牺牲后，当地群众把他安葬在围石山向阳坡上。1955 年，莱西革命烈士陵园建成，烈士遗骨迁葬到烈士陵园。1987 年，莱西市人民政府修建了“孙春林烈士纪念碑”。2014 年 8 月 29 日，孙春林被列入民政部公布的第一批著名抗日英烈和英雄群体名录。

青岛莱西革命烈士陵园管理处主任程显玉说，在为全面建成小康社会、实现中华民族伟大复兴中国梦而奋斗的今天，继承和弘扬先烈们无私无畏和勇于奉献的伟大精神，是对先烈们最好的纪念，也是我们义不容辞的责任。

孙春林之子孙永志，多次撰文怀念自己的父亲。“父亲虽然走了，但他忠于革命事业、献身革命事业的精神永远激励着我。”他说。

陈中柱 一掷头颅救万夫

陈中柱，字退之，江苏建湖人。1906 年 10 月出生于建湖县草堰口乡堰东村一个农民家庭。

1941 年 6 月，日伪军分多路“扫荡”陈中柱所在的鲁苏皖边区游击总指挥部，其主要矛头指向陈中柱的第 4 纵队。由于敌人来势迅猛，第 4 纵队未能及时转移，遭到日军包围。陈中柱率部边打边退，损失惨重。退至兴化武家泽一带时被日伪军拦截。战斗中，陈中柱身中数弹，壮烈牺牲，时年 35 岁。

英烈语录

为国家前途、民族存亡，要死里求生，冲出重围。

——陈中柱

进入江苏盐城市建湖县的草堰口中柱初级中学，教学楼前的中心花园有一座陈中柱烈士的半身塑像。塑像前，学生们进行过入团宣誓，领取过中柱奖的奖状，聆听过陈中柱烈士的事迹……

陈中柱，字退之，江苏建湖人。1906 年 10 月出生于建湖县草堰口乡堰东村一个农民家庭。1925 年到上海电车公司工作。1927 年北伐军进入江苏，他返回家乡，参与筹建国民党支部和农会组织，与地方土豪劣绅进行斗争。1927 年大革命失败后，到南京进入江苏警官学校学习。1928 年入黄埔军校第 6 期学习。1931 年毕业后，在国立中央大学、天津北宁铁路、江苏津浦铁路等处任职。

1937 年全国性抗日战争爆发后，陈中柱被委任为国民政府军事委员会战地特种团第 3 总队少将团长，参加了台儿庄战役。1938 年底，任鲁苏皖边区游击总指挥部第 4 纵队司令，在苏北从事抗日活动。他非常重视军队文化宣传，在部队组织政工队，编辑出版《战地新闻》《新群报》等，并组织当地中学师生演戏唱歌，宣传国共两党合作抗日。1939 年秋，率部进驻江苏泰州，同新四军配合和日军进行游击战，曾设伏击沉日军汽艇 2 艘。

1941 年 6 月，日伪军分多路“扫荡”陈中柱所在的鲁苏皖边区游击总指挥部，其主要矛头指向陈中柱的第 4 纵队。由于敌人来势迅猛，第 4 纵队未能及时转移，遭到日军包围。陈中柱率部边打边退，损失惨重。退至兴化武家泽一带时被日伪军拦截。战斗中，陈中柱身中数弹，壮烈牺牲。时年 35 岁。

陈中柱牺牲后，残暴的日寇割走了他的头颅。当地百姓将陈中柱尸身殡殓埋葬，并插一块木牌，上面书写“陈中柱将军”。

1945 年抗日战争胜利后，陈中柱被国民政府追晋为中将军衔。1987 年，经江苏省人民政府批准，被追认为革命烈士。同年，盐城市人民政府将陈中柱烈士墓从泰州迁至盐城市烈士陵园。2014 年 9 月，陈中柱名列第一批 300 名著名抗日英烈和英雄群体名录。

为了纪念陈中柱这位抗日英烈，弘扬爱国主义精神，建湖县人民政府将草堰初级中学命名为“草堰口中柱初级中学”。2006 年，在草堰口中柱初级中学设立了陈中柱史料陈列室。

每年清明节，草堰口中柱初级中学组织全校师生去陈中柱的出生地堰东村，祭扫他的衣冠冢。草堰口中柱初级中学办公室主任姚启发说，陈中柱将军在民族危急存亡关头，用热血和生命捍卫民族尊严，我们也应用陈将军的英雄事迹对学生进行教育。

杨忠

精忠报国　英名长存

杨忠，又名欧阳吉善、欧阳忠。1909 年 9 月出生于江西安福县金田乡南江村一个贫苦农民家庭。1930 年参加中国工农红军，同年 5 月加入中国共产党。1934 年 10 月参加长征。

1941 年 9 月 3 日，杨忠率部达惠民县淄角镇、夹河一带。就在再进一步便可以过黄河与南岸清河军区取得联系时，遭到日军包围。9 月 4 日上午，杨忠在激战中壮烈牺牲，时年 32 岁。

英烈语录

哪怕为鲁北抗战血洒疆场，肝脑涂地，也要将抗战旗帜插到黄河岸上，插到鹊山之巅！

——杨忠

21岁投身革命，历经多次革命战斗，长征途中身先士卒带领战士探路搭桥，抗战中数次袭击日伪军据点给予沉重打击，为保卫家园在抗日战场上英勇牺牲……“杨忠烈士的一生虽然短暂，却是革命、奋斗、英勇的一生。”江西省安福县委党史办主任李铁泉这样评价道。

杨忠，又名欧阳吉善、欧阳忠。1909年9月出生于江西安福县金田乡南江村一个贫苦农民家庭。少年时代就参加革命，曾任大桥乡少儿部儿童团支部书记、乡苏维埃主席。1930年参加中国工农红军，同年5月加入中国共产党。1934年10月参加长征。到达陕北后入红军大学学习。后任民运科科长。

1937年全国抗战爆发后，杨忠任八路军第115师民运工作团团长。1938年9月抵达山东乐陵，成立八路军济阳支队，任支队政委。1940年任鲁北支队司令员兼政委。他鼓励干部战士说：“哪怕为鲁北抗战血洒疆场，肝脑涂地，也要将抗战旗帜插到黄河岸上，插到鹊山之巅！”

1941年，冀鲁边区的津南支队与鲁北支队合编为第115师教导6旅兼冀鲁边军区，杨忠任政治部主任。为执行上级要求冀鲁边区开辟鲁北东部，打通与清河区的联系，将两个抗日根据地连成一片的指示，教导6旅连续两次“打通”行动受阻。同年7月，杨忠率旅政治部机关、宣传大队、十七团等执行第三次“打通”任务。沿途大造抗战声势，宣传和发动群众。

1941年9月3日，杨忠率部达惠民县淄角镇、夹河一带。就在再进一步便可以过黄河与南岸清河军区取得联系时，遭到日军包围。9月4日上午，杨忠在激战中壮烈牺牲，时年32岁。

杨忠为创建鲁北抗日根据地，作出了重要贡献。1941 年 10 月 13 日，第 115 师政治部在向八路军总部报告夹河战斗情况的电报中说，2 纵队到冀鲁边区，杨忠“即任司令，辗转鲁北，坚持鲁北反‘扫荡’战争，他在战士和群众中具有很高的威望，对鲁北根据地之创造，建树了无数的功勋”。

为了缅怀先烈，惠民、济阳、商河三县在杨忠烈士战斗、牺牲的地方建立烈士陵园，举行了隆重的安葬仪式，并在杨忠烈士的墓碑上镌以“精忠报国”四个大字。1946 年 12 月，为了纪念杨忠，冀鲁边区在他率领部队开辟的游击区——商、济、惠三县交界处，新设置一个县，并命名为“杨忠县”。

杨忠牺牲已七十多年，他的英勇事迹仍在安福县传颂。“为我们有这样的革命先辈感到骄傲和自豪，他的精神必将激励我们继续努力奋斗，更好地为人民服务。”李铁泉这样告诉记者。

巫恒通，字天侠，1903 年出生于江苏省句容县白兔镇柘溪村一个农民家庭。1939 年 11 月，巫恒通任新四军江南指挥部新编第 3 团团长。同年加入中国共产党。

1941 年皖南事变后，日军乘机反复“扫荡”茅山地区，巫恒通在江苏句容多次指挥部队击退日军的突袭。1941 年 9 月 6 日，巫恒通在大坝上村遭到日军包围，负伤被俘。巫恒通绝食 8 天，壮烈殉国，时年 38 岁。

英烈语录

坚持抗敌，有敌无我，有我无敌！有敌人在，房屋被毁，人被杀，这是必然遭遇。只有把敌人驱逐出国境，才能保全生命财产。现在什么是我所有的呢？我只有抗战到底的决心。这是我应有的，而且是我应尽的天职。

——巫恒通

在句容市烈士陵园内，有两尊半身铜像，那戴着副眼镜，双眼炯炯有神，永远充满坚定不屈的青年男子，就是当年与日寇进行不屈斗争，最后壮烈殉国的抗战英烈巫恒通。

巫恒通，字天侠，1903 年出生于江苏省句容县白兔镇柘溪村一个农民家庭。1925 年毕业于江苏省立第三师范。求学期间，积极参加学生爱国运动。毕业后，在无锡县立第四小学（梅村小学）任教，先后任句容县女小校长、南通师范附小教师、句容县督学。1936 年任泰兴县教育局长。1937 年全国性抗日战争爆发后，积极参加抗日活动。1938 年 3 月，被国民党泰兴县政府以擅离职守罪名逮捕入狱。

1938 年夏，新四军挺进江南敌后抗日，创建了以茅山为中心的苏南抗日根据地。10 月，巫恒通被保释出狱，与陈毅、管文蔚畅谈抗战大计，并送儿子巫健松到新四军军部教导总队学习。1939 年 3 月，成立句容县民众抗敌自卫团，主动接受新四军指导。11 月，句容县民众抗敌自卫团改编为新四军江南指挥部新编第 3 团，任团长。同年加入中国共产党。

1941 年皖南事变后，日军乘机反复“扫荡”茅山地区，巫恒通在江苏句容多次指挥部队击退日军的突袭。日伪军对他恨之入骨，杀其兄，掳其子，毁其家。巫恒通慷慨陈词：“坚持抗敌，有敌无我，有我无敌！有敌人在，房屋被毁，人被杀，这是必然遭遇。只有把敌人驱逐出国境，才能保全生命财产。现在什么是我所有的呢？我只有抗战到底的决心。这是我应有的，而且是我应尽的天职。”4 月，巫恒通任第五行政区督察专员兼句容县县长。

1941 年 9 月 6 日，巫恒通在大坝上村遭到日军包围，负伤被俘。日军百般威胁利诱，并将其幼子巫健柏带到囚室企图软化其意志。巫恒通对幼子说：“你要永远记住你伯父、伯母和叔父是怎样死的，永远记住你爸爸是怎样至死不投降的……你爸爸就要像文天祥、史可法那样为国牺牲了，你要继承父辈遗志，长大后献身革命，做一个有志气又有骨气的中国人。”巫恒通绝食 8 天，壮烈殉国，时年 38 岁。

印章、毛毯、方桌、长凳……在江苏茅山新四军纪念馆里，陈列着抗战时期巫恒通烈士使用过的物件，表现出烈士艰苦朴素、坚强乐观的人生信念。“我们家人一直都是听党话跟党走，做老实人，做老实事。”“巫氏一门忠烈，前赴后继保家卫国，这种不屈不挠的精神将代代相传。”巫恒通的孙子巫充实这样对记者说。

武士敏
大义凛然 抒写爱国气节

武士敏，字勉之，1892 年出生于河北怀安县柴沟堡镇。学生时代加入同盟会。曾参加护国讨袁战争。1936 年西安事变后，任国民革命军陆军第 169 师师长。

1937 年全国抗战爆发后，武士敏率部开赴河北、山西抗日前线。1939 年升任国民革命军陆军第 98 军军长。1941 年 5 月，中国军队中条山战役失利。武士敏率领第 98 军转入敌后，与八路军一起在山西抗击日军。9 月 23 日，日军向第 98 军发起攻击，武士敏指挥部队顽强抵抗，多次组织突围。9 月 29 日，武士敏在突围战斗中头部中弹，因失血过多牺牲，时年 49 岁。

图为 2015 年 9 月 23 日，武士敏铜雕在河北省怀安县柴沟堡镇落成揭幕。

英烈挽歌

尽忠于民族国家，努力求团结进步，磊落奇才一世，如君有几？坚持在敌后抗战，英勇至杀身成仁，感悟将略数年，知己情深。

——左权

河北省张家口市怀安县柴沟堡镇中心花园的中央，矗立着一尊高大的青铜雕像，铜像身披戎装，一手叉腰凝望前方。他就是抗日英雄武士敏将军，一生为中华民族解放而英勇奋斗，直到跃马前线与日军鏖战为国捐躯。

武士敏，字勉之，1892 年出生于河北怀安县柴沟堡镇。幼年读私塾，1908 年考入宣化中学堂，毕业后入天津北洋政法专门学校。学生时代加入同盟会。曾参加护国讨袁战争。1918 年参加陕西靖国军，反对北洋军阀。1925 年任国民军第 3 军骑兵支队长。1926 年赴苏联考察军事。1927 年回国后，任西北军第 1 师 2 旅旅长、第 42 师 124 旅旅长兼潼关警备司令等职。1936 年西安事变后，任国民革命军陆军第 169 师师长。

1937 年全国抗战爆发后，武士敏率部开赴河北、山西抗日前线。1939 年升任国民革命军陆军第 98 军军长。1941 年 5 月，中国军队中条山战役失利。武士敏率领第 98 军转入敌后，与八路军一起在山西抗击日军。9 月下旬，日军集中主力将第 98 军合围在山西沁水县东峪、西峪。日军多次派人劝武士敏投降，但均遭拒绝。9 月 23 日，日军向第 98 军发起攻击，武士敏指挥部队顽强抵抗，多次组织突围。9 月 29 日，武士敏在突围战斗中头部中弹，因失血过多牺牲，时年 49 岁。

武士敏牺牲后，晋冀鲁豫边区政府追认他为革命烈士，全区举行追悼大会，并决定将他的牺牲地沁水县改为士敏县。1983 年怀安县政府重新修葺了武士敏故居，陈列他生前遗物。

武士敏故居已成为怀安县爱国主义教育基地。“武士敏的爱国精神和浩然正气，不但没有随着岁月的流逝而消失，而且被发扬光大，永留人间。”

从事文史研究工作多年的怀安县退休干部张进善说。

2014年9月，武士敏名列第一批300名著名抗日英烈和英雄群体名录。2015年9月，武士敏铜雕在怀安县柴沟堡镇落成。每年清明、烈士纪念日，当地广大干部群众纷纷来到铜雕前祭奠，缅怀英雄。

柴沟堡镇民主小学成立“武士敏英雄中队”，在爱国主义精神感召下，一代又一代少先队员发奋学习，茁壮成长。英雄中队学生沈子艺说：“武士敏将军宁死不屈、舍己为人的精神激励着我们。今天的美好生活来之不易，我们必须努力学习，长大后为国家做贡献。”

武士敏之子武铁说：“我父亲牺牲时，我只有7岁。2015年，我作为烈士后人，参加了纪念中国人民抗日战争暨世界反法西斯战争胜利70周年阅兵式。同年，我回到故乡怀安县柴沟堡镇参加了父亲铜雕的落成仪式。作为英雄后人，我们无论身在何处，都要继承遗志，完成他们未竟的事业。”

狼牙山五壮士

宁死不屈 视死如归

1941年8月，侵华日军调集兵力，对晋察冀边区进行毁灭性“大扫荡”。9月25日，日伪军围攻狼牙山地区，企图歼灭该地区的八路军和地方党政机关。晋察冀军区党政机关、部队和群众转移时，留下第6班班长马宝玉，副班长、共产党员葛振林，及宋学义、胡德林、胡福才5名战士担负后卫阻击，掩护全连转移。他们坚定沉着，利用有利地形，奋勇还击，打退日伪军多次进攻，毙伤90余人，被人民群众誉为“狼牙山五壮士”。

图为狼牙山棋盘陀峰顶的“狼牙山五勇士纪念塔”（2017年10月27日无人机拍摄）。

英烈语录

宁可牺牲自己，也要把敌人引向绝路！

——马宝玉

“视死如归本革命军人应有精神；宁死不屈乃燕赵英雄光荣传统。”这是当年晋察冀军区司令员兼政治委员聂荣臻为狼牙山五壮士纪念塔题的词。以共产党员、班长马宝玉为首的八路军 5 位英雄，用生命和鲜血谱写出一首气吞山河的壮丽诗篇。

马宝玉，1920 年生，河北蔚县人。1937 年卢沟桥事变后，参加了八路军，加入中国共产党。他作战勇猛顽强，在阜西庄一战中，用一把铁锹劈死一名日军，缴获一支“三八大盖”。在夜袭管头村的战斗中，他击毙一名日军机枪手，为部队前进扫清了道路。

1941 年 8 月，侵华日军华北方面军调集 7 万余人兵力，对晋察冀边区所属的北岳、平西根据地进行毁灭性“大扫荡”。9 月 25 日，日伪军 3500 余人围攻易县城西南的狼牙山地区，企图歼灭该地区的八路军和地方党政机关。晋察冀军区第 1 军分区第 1 团第 7 连奉命掩护党政机关、部队和群众转移。完成任务撤离时，留下第 6 班班长马宝玉，副班长、共产党员葛振林及宋学义、胡德林、胡福才等 5 名战士担负后卫阻击，掩护全连转移。他们坚定沉着，利用有利地形，奋勇还击，打退日伪军多次进攻，毙伤 90 余人。

次日，为了不让日伪军发现连队转移方向，他们边打边撤，将日伪军引向狼牙山棋盘陀峰顶绝路。日伪军误认咬住了八路军主力，遂发起猛攻。5 位战士临危不惧，英勇阻击，子弹打光后，用石块还击，一直坚持战斗到日落。面对步步逼近的日伪军，他们宁死不屈，毁掉枪支，义无反顾，纵身跳下数十丈深的悬崖。马宝玉、胡德林、胡福才壮烈殉国；葛振林、宋学义被山腰树枝挂住，幸免于难。

马宝玉等5位战士的壮举，表现了崇高的爱国主义、革命英雄主义精神和坚贞不屈的民族气节，被人民群众誉为“狼牙山五壮士”。晋察冀军区领导机关授予3名烈士“模范荣誉战士”称号，并追认胡德林、胡福才为中国共产党党员；通令嘉奖葛振林、宋学义，并授予“勇敢顽强”奖章，宋学义光荣加入中国共产党。

为纪念和表彰5位抗日英雄，当地革命政府在棋盘陀峰顶修建了“狼牙山三烈士碑”。1959年5月重建，更名为“狼牙山五勇士纪念塔”。中华人民共和国成立后，宋学义转业到地方工作，1978年逝世。葛振林1981年7月离职休养，离休前任湖南省军区衡阳军分区后勤部副部长，2005年3月逝世。

狼牙山五勇士陈列馆馆长李芳告诉记者，这里自1993年被评为河北省爱国主义教育基地以来，累计接待游客1000余万人。每年清明节等节日，狼牙山所在的易县都组织中小学生、机关单位工作人员来此开展纪念活动，纪念馆下一步打算完善和创新主题教育形式，采用专题教学、体验教学等方式丰富课程，让游客们在参观的过程中了解更多红色历史。

如今，易县依托狼牙山、清西陵、易水湖等景区发展全域旅游，越来越多群众走上了致富路。狼牙山五壮士的革命精神，依然被易县干群不断学习传承，而一个经济社会繁荣发展、人民生活幸福安康的崭新易县正在这种精神的引领下迈向未来。

陈明

红土地走出的抗战英雄

陈明，原名若星，字少微。1902 年出生于福建省龙岩县（今龙岩市新罗区）。1926 年加入中国共产党。1941 年 11 月 30 日凌晨，陈明在沂南与费县交界处的大青山和日军遭遇，激战中，壮烈牺牲，时年 39 岁。

英烈语录

奋身伐贼，虽死犹荣。

——陈明

在闽西龙岩，一个英烈的名字至今仍然被当地群众传颂，他就是在抗日战争中英勇牺牲的陈明烈士。

陈明，原名若星，字少微。1902 年出生于福建省龙岩县（今龙岩市新罗区）。1921 年毕业于福建省立第九中学。曾与邓子恢等进步青年发起组织革命书社“奇山书社”。1925 年到厦门中山中学任教。

1926 年秋，陈明进入上海大学社会学系半工半读。同年 10 月加入中国共产党，受党组织委派到国民革命军东路军政治部负责宣传工作。同年冬，任国民党福建省党部宣传部长，主编《福建评论》《国民日报》。

1927 年“四一二”反革命政变后，陈明到武汉向党中央汇报工作。同年 8 月，以中共中央福建省党务特派员的身份，回闽重建中共闽南、闽北两个特委，任闽南特委书记。12 月，在漳州主持召开党组织联席会议，成立中共福建省临时委员会，任书记，后任省委宣传部长。1928 年 9 月，被派到苏联莫斯科东方大学中国班第 3 期学习。1931 年冬毕业回国后，进入中央苏区，被分配到瑞金红军学校担任教官。1932 年 4 月被调到东路军前锋部队，负责宣传工作。

1934 年 10 月，陈明随中央红军长征。遵义会议后，调干部团任教，后任训练科长、政治委员。1936 年任中国工农红军大学高干科教员。

1937 年全国抗战爆发后，陈明任八路军随营学校政治委员。1939 年冬，奉命进入山东，任八路军第 115 师政治部宣传部部长。后任中共山东分局党校副校长、山东分局政府工作部部长、山东省宪政促进会常委、山东分局政府工作委员会副主任。

1941 年 4 月，陈明任山东省战时工作推行委员会副主任委员兼秘书长，主持整个战时工作委员会工作。他根据山东的革命斗争实际，撰写、发表了许多有影响的文章，如《抗日民主政权》《拥护民主政权》等，还颁发了《县区乡各级政府组织条例》《民众抗日自卫团暂行条例》等一系列法规，为建设山东抗日民主政权作出了重要贡献。

1941年11月，日军对山东抗日根据地沂蒙山区实行“铁壁合围”，妄图消灭中共山东党政军领导机关和沂蒙山主力部队。11月30日凌晨，陈明在沂南与费县交界处的大青山和日军遭遇，激战中，壮烈牺牲，时年39岁。

红色是闽西的“底色”，也是这块红土地的“魂”。陈明烈士故乡龙岩是著名革命老区。近年来，龙岩市通过各种举措积极保护传承红色文化，进行了系统化、制度化保护，传承好红色基因，加快老区振兴。

陈若克

战士 母亲 英雄

陈若克，又名陈玉兰、陈雪明，祖籍广东顺德，1919年出生在上海。1936年8月，加入中国共产党。随后，辗转湖北、山西等地，并于1937年进入华北军政干部学校学习。历任中共中央山东分局妇委会委员，山东省临时参议会驻会议员，山东省妇女救国联合会常务委员、执行委员等职务。1941年11月26日，被日军杀害。

英烈语录

我的思想，我的身体，连每根头发都应该是属于无产阶级的！

——陈若克

山东孟良崮烈士陵园里，有这样一座坟墓：青黑色的墓碑正面，遒劲的字体镌刻着“陈若克烈士之墓”；墓碑背后，是一方小小的坟茔。22岁的陈若克与她未曾满月的孩子，已在沂蒙山长眠了近80年。

陈若克，又名陈玉兰、陈雪明，祖籍广东顺德，1919年出生在上海。她的家境并不宽裕——父亲是当地报馆的小职员，母亲是婢女出身的家庭妇女。陈若克8岁时，曾在小学就读过一年半的时间。因在学校寡言少语，被老师、同学喊做“小哑巴”。随着父亲病故，陈若克不得不辍学，随母亲进工厂做工。

15岁的陈若克，白天在工厂做工，晚上到工人夜校读书。繁重的体力劳动，让她年纪轻轻便患上胃病、贫血、头痛、肺气肿等病痛。然而，正是这艰苦的生活，锤炼了她的意志与品格，让她投身到风起云涌的工人运动中。面对工厂主、资本家，陈若克直陈道理、毫无惧色，让她在工人群体中小有名气。

1936年8月，陈若克加入中国共产党。随后，她辗转湖北、山西等地，并于1937年进入华北军政干部学校学习。其间，她不断汲取先进思想的养分，积极参加抗日救亡活动。抗日战争全面爆发后，她历任中共中央山东分局妇委会委员，山东省临时参议会驻会议员，山东省妇女救国联合会常务委员、执行委员等职务。

在革命工作中，陈若克收获了志同道合的爱人——随后担任中共中央山东分局书记的朱瑞。如今，在山东沂蒙党性教育基地，人们可以看到这样一张泛黄的老照片。照片上，陈若克与丈夫朱瑞席地而坐，一同笑对镜头。陈若克轻轻靠向朱瑞的右肩，嘴角眉梢里都洋溢着暖暖的笑意。

抗日烽火燃遍神州大地，每一份救亡图存的力量都显得弥足珍贵。陈若克从事妇女工作时，发动妇女参加抗日救国会、识字班和姐妹剧团，唤醒广大妇女投身抗日事业。她组织编写妇女刊物，培养、选拔妇女干部，对当时山东妇女工作起到积极推动作用。

1941 年深秋，日伪军大举进逼沂蒙山区。11 月 7 日，在突围作战中，怀有 8 个多月身孕的陈若克不幸被俘。两天后，她在狱中产下一名婴儿。但这并未引起敌寇丝毫的怜悯。陈若克饱受身体上的摧残与精神上的折磨。她的孩子更被敌人当成要挟她的资本。日本人知道陈若克身体虚弱、无力喂养孩子，于是便把一瓶牛奶送进牢房，希望以此击垮她的精神防线。陈若克没有屈服于敌人的威逼利诱，她毅然咬破自己的手指，用鲜血哺育自己幼小的孩子。

恼羞成怒的日军最终举起了屠刀。11 月 26 日，陈若克母子二人惨死在侵略者的刺刀之下。

陈若克牺牲后，一位老乡把她们的遗体偷偷运回了沂蒙红嫂王换于家。王换于变卖部分家产，购置了一大一小两口棺材，把她们隐蔽安葬在自家地里。下葬那天，匆匆赶来的朱瑞最后一次看到自己的妻儿，悲痛万分。

今天，在孟良崮烈士陵园，在沂蒙红嫂纪念馆，陈若克的名字如雷贯耳，她的事迹被广为传颂。松柏林下，山风萧萧。陈若克墓的身后，是一眼望不尽的、像方阵列队般的无名烈士墓……

廖海涛

奋战到最后一刻的抗日英雄

廖海涛，1909年出生，福建省上杭县溪口乡人，1927年12月加入中国共产党。皖南事变后，新四军江南指挥部所属部队和江南人民抗日救国军东路指挥部合编为新四军第6师，廖海涛任6师16旅政委兼苏南抗日根据地军政委员会主任。1941年11月27日深夜，日军对16旅驻地江苏溧阳塘马村发动突然袭击。廖海涛组织旅部及中共苏皖区党委机关转移时，腹部中弹，最终因伤势过重壮烈牺牲，年仅32岁。

英烈语录

只有铁骨铮铮的共产党员，没有屈膝投降的布尔什维克。

——廖海涛

闽西崇山峻岭中的上杭县溪口镇风光秀丽。青山下，清澈见底的小溪从古色古香的民居旁流过。历史回溯百年，这里走出了一位在抗战前线奋战到生命最后一刻的英烈——廖海涛。

廖海涛，1909 年出生，福建省上杭县溪口乡人。1927 年 12 月加入中国共产党，1929 年 5 月领导当地农民暴动。土地革命战争时期，他历任乡苏维埃政府主席，区苏维埃政府副主席，中共代英县委副书记、县苏维埃主席。

1934 年 10 月中央红军主力长征后，廖海涛留在闽西苏区，历任中共杭武县委书记、县苏维埃政府主席，闽西南军政委员会委员兼中国工农红军闽西第 7 支队政委，领导上杭苏区军民坚持了极为艰苦的三年游击战争。

全国抗战爆发后，1938 年，闽西南游击队改编为新四军第 2 支队，廖海涛先后任第 2 支队 4 团政治部主任、政治委员等职，在张鼎丞的率领下挺进苏南敌后，参与创建以茅山为中心的抗日根据地，于江宁、句容、溧阳、溧水地区开展游击战争，创建敌后根据地。

1940 年 2 月，廖海涛任新四军第 2 支队副司令员兼政治部主任。5 月，他指挥赤山战斗，歼灭日军中队长以下 130 余人。7 月，陈毅、粟裕率江南指挥部主力渡过长江挺进苏中、苏北建立新四军苏北指挥部后，廖海涛任江南指挥部政委。

皖南事变后，新四军江南指挥部所属部队和江南人民抗日救国军东路指挥部合编为新四军第 6 师，廖海涛任 6 师 16 旅政委兼苏南抗日根据地军政委员会主任。

1941 年 5 月，他和旅长罗忠毅率 16 旅 46 团、47 团回师茅山地区，经浴血奋战，终于恢复和巩固了茅山抗日根据地。10 月，他和旅长罗忠毅率旅部及中共苏皖区委机关驻江苏省溧阳县塘马村一带。

1941 年 11 月 27 日深夜，日军集中步、骑、炮联合兵种共 3000 余人，对 16 旅驻地江苏溧阳塘马村发动突然袭击。廖海涛组织旅部及中共苏皖区党委机关转移，率部对敌阻击，掩护机关人员突围，打退日军多次疯狂进攻。战斗从 28 日凌晨一直坚持到中午，毙伤日、伪军 300 多名。廖海涛身陷重围，腹部中弹，仍然手捂伤口继续指挥战斗，最终因伤势过重壮烈牺牲，年仅 32 岁。

廖海涛烈士的故乡上杭县是中央苏区的重要组成部分。近年来，上杭县高度重视保护红色文化，将红色旅游与历史文化遗产利用保护、革命老区经济社会发展、现代旅游产业发展结合起来，实施了古田会议旧址群维修保护、毛泽东才溪乡调查旧址维修和纪念馆扩建、将军和名人故居维修保护等工程，产生了良好的政治、社会影响。

何功伟
坚贞不屈的『青年楷模』

何功伟，1915 年出生，湖北咸宁人。中学时期，他积极参加“一二·九”抗日救亡运动，投身中国共产党领导的进步活动。1936 年 8 月在上海加入中国共产党。1938 年 6 月任中共湖北省委委员，随即受党组织派遣回家乡开辟鄂南抗日根据地，任鄂南特委书记。1939 年 9 月到湘鄂西区工作，任区党委宣传部长。1940 年 2 月任湘西区党委书记，8 月任鄂西特委书记。1941 年 1 月 20 日在恩施被捕。1941 年 11 月 17 日，慷慨就义，时年 26 岁。

英烈语录

我热血似潮水的奔腾，心志似铁石的坚贞。我只要一息尚存，誓为保卫真理而抗争……

——何功伟

列队默哀、敬献花圈、重温入党誓词……每年清明节前，湖北省咸宁市都有单位和部门组织青年干部，来到咸安区桂花镇，瞻仰何功伟烈士纪念园和相隔不远的何功伟故居，缅怀这位坚贞不屈的“青年楷模”。

何功伟，1915年出生，湖北咸宁人。中学时期，他积极参加“一二·九”抗日救亡运动，投身中国共产党领导的进步活动。1936年8月在上海加入中国共产党。1938年6月任中共湖北省委委员，随即受党组织派遣回家乡开辟鄂南抗日根据地，任鄂南特委书记。1939年9月到湘鄂西区工作，任区党委宣传部长。1940年2月任湘西区党委书记，8月任鄂西特委书记。1941年1月20日在恩施被捕。

在狱中，何功伟始终坚信党的事业，严守党的秘密，同敌人进行了坚决的斗争，既经受了严刑拷打的考验，又挫败了敌人的“劝降”伎俩和“感化”阴谋，严词拒绝了敌人高官厚禄、出国留学等所谓“自首”条件。

他还赋诗填词，谱写了《狱中歌声》：“我热血似潮水的奔腾，心志似铁石的坚贞。我只要一息尚存，誓为保卫真理而抗争……”用歌声作为鼓舞战友同敌人斗争的武器。

面对敌人先后十余次利用其亲属到狱中劝降，何功伟在给父亲的信中写道：“儿献身真理，早具决心，苟义之所在，纵刀锯斧钺加诸颈项，父母兄弟环泣于身前。此心亦万不可动，此志亦万不可移。”“当局正促儿‘转变’，或无意必欲置之于死，然揆诸宁死不屈之义，儿除慷慨就死外，绝无他途可循，为天地存正气，为个人全人格，成仁取义，此正其时。”

他在给妻子的诀别书中写道：“告诉我所有的朋友们，加倍的努力吧！

把革命红旗举得更高。好好地教养我们的后代，好继续完成我们未竟的事业。”表现了一个共产党员的坚定信念和为理想、为党的事业献身的浩然正气。

1941 年 11 月 17 日，何功伟被敌人押到恩施方家坝后山五道涧刑场。在临刑的 100 余级石板路上，敌人放言只要何功伟回一回头就不杀他，但遍体鳞伤、拖着沉重脚镣的他义无反顾，高唱《国际歌》，慷慨就义，时年 26 岁。

为表达对何功伟烈士的缅怀，咸宁市咸安区原“桂花中学”更名为“何功伟中学”。

“何功伟被誉为‘青年楷模’，作为英雄故里，咸安区经常举办纪念活动，倡导广大青年传承、弘扬先烈的精神，坚定理想信念。”咸安区委书记李文波说，“铭记历史、缅怀先烈，我们要让‘红色基因’融入青年人的血脉，让红色精神激发奋进力量。”

至忠至毅的抗日英雄

罗忠毅

罗忠毅，1907 年出生，早年参加进步学生运动。1927 年入冯玉祥部当兵。1932 年加入中国共产党。全国抗战爆发后，任新四军第 2 支队参谋长、江南指挥部参谋长、江南指挥部指挥。1941 年 11 月 28 日，为了掩护正在塘马村开会的苏南抗日根据地党、政、军干部安全转移，率部与敌人展开殊死搏斗，壮烈牺牲，时年 34 岁。

英烈语录

我们要用刺刀、拳头、枪托子打击敌人！

——罗忠毅

百年老校襄阳市昭明小学里，有一个永不褪色的红色故事，那是有关至忠至毅的抗日英雄罗忠毅的。这位从襄阳走出去的新四军抗日名将，他的事迹至今仍在激励后人。

罗忠毅，1907年出生，早年参加进步学生运动。1927年入冯玉祥部当兵。1931年，随国民党军第26路军到江西，同年12月参加宁都起义，编入中国工农红军第5军团。罗忠毅作战勇敢，屡立战功，从班长晋升为排长、连长、营长，后到瑞金入红军学校学习。

罗忠毅1932年加入中国共产党，1933年起任福建军区司令部作战科科长、连（城）宁（化）（龙）岩军分区参谋长，参加了中央苏区第四、第五次反“围剿”。1934年10月中央红军主力长征后，罗忠毅任福建军区第3分区副司令员兼参谋长、闽西南第1作战分区司令员、闽西南游击队第1纵队司令员、闽西人民抗日义勇军司令员，在闽西南地区坚持极其艰苦的三年游击战争。

全国抗战爆发后，罗忠毅任新四军第2支队参谋长、江南指挥部参谋长，参与创建以茅山为中心的苏南抗日根据地。他参与指挥了水阳伏击战、官陡门奇袭战等战斗。1940年7月新四军江南主力北渡长江后，罗忠毅任重建的江南指挥部指挥，留苏南坚持敌后抗日游击战争，指挥部队多次挫败日伪军“扫荡”“清乡”和国民党顽固派军队的进攻。

1941年皖南事变后，罗忠毅率部艰苦作战，接应新四军突围北撤人员。在西池塘战斗中，他的新婚妻子柳肇珍牺牲。同年4月，他任新四军第6师参谋长兼16旅旅长，率部转战于句容、丹阳、武进、溧水地区，曾指挥部队在黄金山地区同国民党顽固派军队作战，打退了顽军的进攻。

1941 年 11 月 28 日，日伪军 3000 余人袭击溧阳塘马村，为了掩护正在塘马村开会的苏南抗日根据地党、政、军干部安全转移，罗忠毅与第 16 旅政治委员廖海涛率部与敌人展开殊死搏斗，壮烈牺牲，时年 34 岁。

走在昭明小学校园，地面绘有世界地图、中国地图、襄阳地图，中国地图上还用红色线标注了中国工农红军二万五千里长征路线图，教育引导学生“放眼看世界、心中有祖国”。

“这里是孩子们出发的地方，新生入学第一课就是和父母一起参观校史馆，其中一个重要的环节就是了解罗忠毅等革命先烈的生平事迹，学习其革命精神。”昭明小学少年队大队辅导员刘茜说，昭明小学把四月定为革命传统教育月、十月为爱国爱队教育月，传承红色基因，汲取信仰力量。

78 岁的孙久全老人是襄阳市新四军历史研究会理事，他对罗忠毅的敬仰都浓缩在了家里那一摞已经泛黄的书本和报纸里——那是老人搜集的有关罗忠毅的史料和自己写的研究文章，也是老人珍视的宝贝。

“缅怀英烈是为了更好地在新时代砥砺前行。尤其是英烈故乡的年轻一代，更要传承和发扬先烈的革命精神，居安思危，把先烈遗愿化宏图，开创明天新的美好生活。”孙久全说。

辛锐
舍身参加革命
巾帼不让须眉

辛锐，原名辛树荷，1918 年生于山东省章丘县（现济南市章丘区），出身名门。10 岁时跟随时任山东省参议员的祖父来到济南，定居在大明湖畔，师从济南名画家黄固源学画。七七事变后，几经辗转，移居滕县桑村镇，加入了八路军，参与筹建《大众日报》。1941 年 12 月，壮烈牺牲，年仅 23 岁。

在山东省济南市章丘区有一所以烈士命名的中学——辛锐中学，这里的学生学辛锐、唱辛锐、颂辛锐，经常以多种形式缅怀这位抗日女英雄。

辛锐原名辛树荷，1918 年生于山东省章丘县(现济南市章丘区)，出身名门。10 岁那年，她跟随时任山东省参议员的祖父辛铸九来到济南，定居在大明湖畔，师从济南名画家黄固源学画。

长城抗战打响之后，各界人士掀起了救亡捐献活动。辛铸九在济南民众教育馆为辛锐举办画展，将义卖所得之款全部捐给了抗日将士和东北的流亡同胞。

七七事变后，日寇直驱黄河北岸，威逼济南。是年 8 月底，辛锐随父亲辛葭舟离开济南，几经辗转，移居滕县桑村镇。日寇占据滕县后，烧杀奸淫，日甚一日。辛氏一家在有家难归、救国无门的危难时刻，加入了八路军。“参加八路军了，是革命战士了。”辛锐经常这样告诫弟弟和妹妹。在烽火连天的战争年代，一家人开始了艰苦的军旅生涯，人不卸甲、马不离鞍、居无常所、食无定时是常有的事。

部队到达沂水县后，辛锐来到了山东抗日军政干校第二期妇女队学习。她严于律己，每天除了按时完成学习任务外，休息时还挤时间作画。不久，中共山东省委机关报《大众日报》创刊，山东省妇联推荐辛锐参加该报的筹建工作，“创刊号”报头上的毛泽东木刻像就是出自她手。

1939 年，辛锐在党校学习期间，认识了时任副校长的陈明。带着共同的理想和信念，两人走到了一起。婚后第三天，辛锐回到了中共山东分局筹建的姊妹剧团任团长。在剧团工作期间，辛锐带头实干，亲自编写剧本、担任导演、登台演出，剧团创作的话剧《雷雨》《血路》等深受部队和广大群众的欢迎。

1941 年 11 月，侵华日军出动五万兵力，对沂蒙山区进行“大扫荡”。辛锐当时已有身孕 5 个月，与部分人员隐蔽在大青山的大崮一带，而陈明率 60 余名机关人员突破敌人防线插入敌后。

11月30日拂晓，中共山东分局和战工会在大青山被围，激战一昼夜。大部分人突出重围，但伤亡惨重，其中率部突围北上的陈明等人不幸遇难。辛锐两个膝盖骨受重伤，被一位老大娘掩护起来。经过休养，辛锐的伤愈合了，但两腿已成残废。她曾多次问身边的同志："陈明现在何处？怎么不来看我？"同志们一直不忍心把真实情况告诉她。

12月17日，一股撤退的日军包围了辛锐的驻地。情况万分紧急，必须马上转移。四名同志抬着辛锐上了北山，刚出村，枪声大作，日军围了上来。辛锐果断地命令同志们放下她赶快突围。四名同志不忍心这样做，仍然抬着她边打边冲。不料辛锐一跃从担架上滚下来："你们快走，冲出一个是一个！"这时，敌人已经围上来，狂叫着："抓活的！抓活的！"辛锐一连扔出两颗手榴弹，敌人倒下数人。突然，一梭子弹飞来，射中辛锐胸部。她强忍着剧痛，靠在一块石头边，怒视敌人，待日军靠近了，她用力拉响最后一颗手榴弹，"轰"的一声巨响，年仅23岁的辛锐与敌人同归于尽。

包森

纵马冀东　剑吼长城

包森，原名赵宝森，又名赵寒，1911 年 7 月生于陕西省蒲城县。1932 年春加入中国共产党，同年冬，受党组织派遣到泾阳县苗嘉游击队从事扩大红军等工作。先后任冀东军分区副司令员、冀东军分区 13 团团长。1942 年 2 月 17 日，在指挥战斗中，包森胸部中弹不幸牺牲，时年 31 岁。

英烈挽歌

中国的夏伯阳。

——叶剑英

“从小就听长辈讲三爷爷抗日的故事，他在烽火连天的岁月，义无反顾投身到革命事业中，转战长城内外，跃马燕赵大地，点燃抗战烽烟，痛击日寇伪顽，为民族解放事业做出了杰出贡献。”抗日英烈包森的侄孙赵珂说，为了更好地传承红色基因，他和家人在对下一代的教育中常常融入包森的英雄事迹，还曾专程前往包森曾经战斗过的地方追思缅怀。

包森，原名赵宝森，又名赵寒，1911 年 7 月生于陕西省蒲城县。1932 年春加入中国共产党，同年冬，受党组织派遣到泾阳县苗嘉游击队从事扩大红军等工作。1933 年秋，包森遭当局逮捕，西安事变后经组织营救出狱。

1937 年 3 月，包森被派往中国人民抗日军政大学学习。七七事变后，他从延安随八路军奔赴华北抗日前线，在晋察冀抗日根据地独立 1 师任 33 大队总支部书记。1938 年 6 月率 40 多人在河北兴隆一带开辟抗日游击区。任职期间，包森率部英勇作战，历经大小战斗数十次，歼灭日伪军数百人，缴获枪支数百支。不久，包森被任命为冀东军分区副司令员。

1939 年 4 月，包森率部在遵化城东北活捉日本天皇表弟宪兵大佐赤本，一时震惊日本朝野。同年秋，包森任八路军第 13 支队副司令员。

1940 年 2 月，包森率部到达盘山，全力开辟盘山抗日根据地。6 月下旬设伏白草洼，与日军激战 14 个小时，全歼日军一个骑兵中队，首开冀东整连全歼日军战斗的先河。同年秋，冀东军分区 13 团正式组建，包森任团长。经一年浴血奋战，盘山地区建立了七个联合县政府，境内人口 200 多万。

1941 年春，包森率部参加反“治安强化运动”。同年秋，冀东军分区打击伪治安军的作战行动开始后，包森多谋善断、英勇果敢，在他的指挥下，部队打了一个又一个漂亮仗。其中 1942 年 1 月燕山口内果河沿一役，包森以七个连的兵力，毙俘敌伪中佐以下官兵近千人，创造了以少胜多、以弱胜强的奇迹。当时在冀东一带包森的大名妇孺皆知，人们亲切地称他"包队长""包司令""包团长"。而敌人则把他视为克星，伪军们口角，常以"出门打仗碰上老包"为咒。

包森在与日伪军短兵相接的战斗厮杀中，不止一次负伤挂彩，但他早已将生死置之度外，每次都坚守在战斗指挥的最前线。1942 年 2 月 17 日，包森带领部队住在遵化县西北 20 里的野虎山时，遭到日军田中大队和"伪满洲队"的突然袭击，在指挥战斗中，包森胸部中弹不幸牺牲，时年 31 岁。

中华人民共和国成立后，为了纪念和缅怀包森烈士，河北石家庄华北烈士陵园、天津盘山烈士陵园、北京平西烈士陵园等地，先后建立了包森烈士陵寝和纪念碑。2009 年，包森故居被命名为蒲城县爱国主义教育基地，成为当地青少年学习和传承革命传统的重要阵地，每逢清明，都会有大批群众和党员干部前来瞻仰学习。

范子侠

寒门虎将 骁勇善战

范子侠，1908年出生于江苏丰县，在东北军曾任连长、营长、团长等职。1931年九一八事变后，因不满国民党的不抵抗政策，范子侠愤然辞去军职，另寻抗日救国的其他途径。全国抗战爆发后，范子侠组织抗日义勇军，在河北无极、藁城、新乐、行唐一带打游击。1939年11月，范子侠所部被改编为八路军129师平汉游击纵队，范子侠任司令员，同年底加入中国共产党。

1942年2月，日军对太行、太岳抗日根据地发动“第2期驻晋日军总进攻”。2月12日，范子侠在沙河展开反“扫荡”激战时中弹牺牲，时年34岁。

英烈语录

我前进你们跟着我，我停止你们推动我，我后退你们枪毙我！

——范子侠

走进江苏徐州市丰县的子侠小学，正对学校大门的主干道上有一座范子侠的青石半身像。这里是范子侠的母校，学校西教学楼的北墙上，贴着范子侠的钛金像，画像下方写着“将军母校，与时俱进；红色精神，代代相传”。

范子侠，1908 年出生于江苏丰县华山镇大史楼村一个贫苦佃农家庭。1922 年，14 岁的范子侠只身流浪到福建，毛遂自荐给一个副官当勤务兵，后被送至天津入东北军随营学校学习。毕业后，他在东北军曾任连长、营长、团长等职。1931 年九一八事变后，因不满国民党的不抵抗政策，范子侠愤然辞去军职，另寻抗日救国的其他途径。

1933 年范子侠加入察哈尔民众抗日同盟军并任某部团长，率部参加克复康保、多伦等地区对日军作战。1935 年绥东抗战爆发后，范子侠秘密打入伪军李守信部金宪章旅，任营长，在百灵庙战役中策动全营起义，并迫使金宪章旅投降。范子侠因此被国民党军事当局视为危险分子，遭到禁锢，直到七七事变后才获释出狱。

全国抗战爆发后，范子侠组织抗日义勇军，在河北无极、藁城、新乐、行唐一带打游击。1938 年春，范子侠自改番号为冀察游击第二师，率部由河北行唐南下，转战冀西、豫北一带。1939 年 6 月，范子侠应邀在八路军 129 师师部与师长刘伯承、政委邓小平见面。同年 11 月，范子侠所部被改编为 129 师平汉游击纵队，范子侠任司令员。同年底，范子侠加入中国共产党。

1940 年范子侠任八路军第 129 师新编 10 旅旅长，率部参加了百团大战。范子侠素以骁勇善战著称，能双手用枪。为防备敌人暗杀，一身配用三支手枪。每当作战时，他手执双枪、左右开弓，弹无虚发，令敌人闻风丧胆。

1942 年 2 月，日军对太行、太岳抗日根据地发动“第 2 期驻晋日军总进攻”。2 月 12 日，范子侠在沙河展开反“扫荡”激战时中弹牺牲，时年 34 岁。“我前进你们跟着我，我停止你们推动我，我后退你们枪毙我！”范子侠用生命诠释了他的这句话。

为纪念范子侠，1998 年丰县人民政府将华山镇大史楼小学更名为“子侠小学”，并列入县爱国主义教育基地。县政府在县烈士陵园建造了范子侠烈士纪念碑，范子侠出生地所在的华山镇政府则为其建立了衣冠冢。

“每逢烈士纪念日、清明节等纪念性节日，学校都会组织全校师生在范子侠将军的塑像前献花，去他的衣冠冢前祭扫，并邀请老同志宣讲范子侠将军的事迹。”校长刘轶群表示，学校将继承先烈遗志，发扬红色传统，将红色教育融合在教学实践中，培养学生们的爱国情怀。

赵尚志

『争自由，誓抗战』的义勇军领袖

赵尚志，1908年出生于辽宁省朝阳县。早年投身学生爱国运动。1925年加入中国共产党，是东北地区最早的党员之一。同年冬入广州黄埔军校第四期学习。1926年回东北从事革命活动。曾两次被捕入狱，但他严守党的机密，坚贞不屈。九一八事变后经组织营救出狱，被任命为中共满洲省委常委、军委书记。1942年2月12日，赵尚志在率部与敌人作战时身负重伤被俘，宁死不屈，视死如归，英勇牺牲。

“争自由，誓抗战。效马援，裹尸还。看拼斗疆场，军威赫显……”今天，当赵尚志的侄女赵淑红低沉地吟诵伯父所写的《黑水白山·调寄满江红》时，仍让生活在和平年代的人们感到冲天豪气。

辽宁省朝阳市朝阳县尚志乡，巍峨的云蒙山高耸入云，清澈的小凌河源远流长，这里是著名抗日将领赵尚志的家乡。

赵尚志，1908 年出生于辽宁省朝阳县。早年投身学生爱国运动。1925 年加入中国共产党，是东北地区最早的党员之一。同年冬入广州黄埔军校第四期学习。1926 年回东北从事革命活动。曾两次被捕入狱，但他严守党的机密，坚贞不屈。九一八事变后经组织营救出狱，被任命为中共满洲省委常委、军委书记。

1933 年 10 月领导创建北满珠河反日游击队，任队长。1934 年 6 月任东北反日游击队哈东支队司令，与李兆麟等创建了珠河、汤原抗日游击根据地。1935 年 1 月任东北人民革命军第 3 军军长。1936 年 1 月任北满抗日联军总司令部总司令。同年 8 月任东北抗日联军第 3 军军长。后任中共北满临时省委执委会主席、东北抗日联军第 2 路军副总指挥。

面对日伪军的疯狂“讨伐”“清剿”，在极其艰难困苦的险恶环境中，赵尚志率领抗联部队对日伪军进行了英勇无比的艰苦战斗，远征松嫩平原，爬冰卧雪，风餐露宿，作战百余次，打破了日伪军一次次的重兵“讨伐”和“清剿”。

“小小满洲国，大大赵尚志”，是日本侵略者发出的无奈感叹。他们认为，关东军在满洲的很多伤亡都是赵尚志造成的，满洲的最大危害是“南杨北赵”。“南杨”是南满的杨靖宇，“北赵”是北满的赵尚志。

1942 年 2 月 12 日，赵尚志在率部与敌人作战时身负重伤被俘，宁死不屈，视死如归，痛斥敌人。穷凶极恶的敌人割下了他的头颅，运到长春庆功，把他的躯体扔进了松花江的冰窟中。此后，头颅便下落不明。直至

2004 年 6 月，失踪 62 年的赵尚志颅骨才在吉林长春护国般若寺被发现。2008 年 10 月 25 日，在赵尚志将军诞辰 100 周年时，他的颅骨才得以安葬于家乡赵尚志烈士陵园。

张琦

中国远征军抗日英烈

张琦，1910 年出生于永州市祁阳县文明铺。1927 年秋任南京国民政府财政部税警总团连部文书，后任特务长、排长。1941 年，税警总团改编为新编第 38 师。1942 年 4 月，新编第 38 师编入中国远征军赴缅甸作战，张琦任第 38 师 113 团副团长。1942 年 4 月 19 日，张琦率部向日军山地工事发起进攻，并亲自到阵地察看地形和进攻路线，结果暴露在日军暗堡火力下，不幸背部中弹牺牲。

英烈语录

弟兄们，冲啊！冲上去就是胜利！

——张琦

在湖南省永州市祁阳县文明铺镇丝塘冲村一座青松环抱的山上，张琦烈士墓和纪念碑格外引人注目，每到清明时节，总有不少人前来参观、凭吊，一代英烈张琦的事迹广被知晓和传颂。

张琦，1910 年出生于永州市祁阳县文明铺。1927 年秋任南京国民政府财政部税警总团连部文书，后任特务长、排长。张琦是黄埔军校第八期学生，曾入南京中央军校十三期受训，毕业后升任连长。全国抗战爆发后，参加了淞沪会战、台儿庄大战。

1941 年，税警总团改编为新编第 38 师。1942 年 4 月，新编第 38 师编入中国远征军赴缅甸作战，张琦任第 38 师 113 团副团长。1942 年 4 月 15 日夜，驻缅英军被日军围困在仁安羌北面一带，请求中国远征军派兵驰援。张琦所在的 113 团领受了此项任务，在到达仁安羌后，与日军展开激战，击溃日军拼墙河北岸防线。1942 年 4 月 19 日，张琦率部向日军山地工事发起进攻，并亲自到阵地察看地形和进攻路线，结果暴露在日军暗堡火力下，不幸背部中弹牺牲。张琦牺牲后，全团官兵同仇敌忾，攻击日军炮兵阵地，被围英军也由另一面攻击，合作攻下阵地，当天便取得战斗胜利，包括驻缅英军总司令亚历山大在内的 7000 多名英军得以向北越过拼墙河，美国传教士和各国新闻记者及妇女 500 多人一并获救。

英烈已逝，浩气长存。1990 年，张琦被民政部批准为烈士。近年来，英雄出生地湖南祁阳县坚持团结实干、跨越争先，在英烈家乡绘就出一幅改革创新、繁荣发展的新画卷。

杨宏明
中共抗战英烈

杨宏明，1910 年出生，湖北黄安（今红安县）人，1929 年加入中国共产党。1928 年参加工农红军，曾任连长、营长、团长等职。参加了中央苏区历次反“围剿”斗争和两万五千里长征。全国抗战爆发后，奉命到华北敌后开展抗日游击战争。1942 年 4 月，在突围中，中弹牺牲，时年 32 岁。

英烈挽歌

威名扬燕赵临西城乡留胜迹　忠魂归荆楚红安山水增光辉

——杨宏明纪念馆挽联

深冬时节，位于鄂豫交界大别山环绕中的湖北省红安县二程镇三里岗村富家凹湾，还能看到大片的绿色和田间耕作的农民。背靠富家山，面朝金沙湖国家湿地公园，中共抗战英烈杨宏明的纪念馆就坐落在这里的一片青竹林中。

杨宏明，1910年出生，湖北黄安（今红安县）人，1929年加入中国共产党。1928年参加工农红军，曾任连长、营长、团长等职。参加了中央苏区历次反“围剿”斗争和两万五千里长征。

全国抗战爆发后，杨宏明奉命到华北敌后开展抗日游击战争。1938年1月任八路军第129师补充团副团长。1940年6月任八路军冀南军区第1军分区司令员。参加百团大战，战功显著。1941年秋至1942年春，调任冀南军区第4军分区司令员。

1941年秋，日军对杨宏明所部驻地一带发动大“扫荡”，杨宏明带领部分战士到邢济路北作战。不久，驻在济南的伪军冯二皮部带领3个团，在临西建立了十几个据点。

1942年4月，杨宏明奉命率两个团攻打伪军占据的马鸣堂村，在战斗中，他亲临前线指挥，并爬上房顶用机枪扫射敌人，战斗胜利结束，冯二皮部大部被歼，余者溃窜。

敌人并不甘心失败，于4月29日纠集大量兵力向杨宏明部发动围攻。杨宏明准确判断敌情，指挥部队声东击西，沉着应战，经奋力拼杀，成功突围。在突围中，杨宏明中弹牺牲，时年32岁。

“威名扬燕赵临西城乡留胜迹　忠魂归荆楚红安山水增光辉。”杨宏明纪念馆上的这副挽联，记录着家乡人民对先烈的缅怀之情。纪念馆里，还清晰记载着杨宏明的母亲余细女、大哥杨兴祖等两位烈士的英雄事迹。

“像杨宏明一样，村里还有10多位烈士。”三里岗村党支部书记杨军德带着记者参观了村民自种的茶园、果园和花木等，“正是在烈士们艰苦奋斗、追求理想的精神指引下，如今的三里岗人通过辛勤劳动，甩掉了‘大别山沟贫困村’的帽子。”

洪振海
铁道游击好儿男

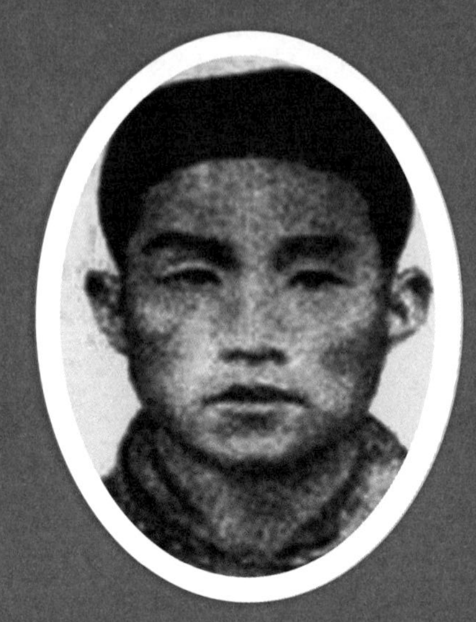

洪振海，又名洪衍行，1910 年生，山东滕州人。抗日战争时期，洪振海在党的领导下，发动枣庄路矿工人组建了一支活跃在山东鲁南的枣庄、临城和微山湖一带，威名远扬的人民抗日武装——鲁南铁道大队即铁道游击队，他是第一任大队长。

1941 年 12 月的一个风雪之夜，数百名日伪军对鲁南铁道大队进行偷袭、“扫荡”，洪振海率部与敌人激战，不幸中弹，壮烈牺牲。

山东枣庄市薛城区临山小学，因铁道游击队纪念园所在地临山而得名，临山小学副校长吴怀国介绍，每年清明节，学校都会组织全校学生去纪念园瞻仰铁道游击队纪念碑，重温入队誓词，在新一代少年心中播撒下爱国主义的种子。

洪振海，又名洪衍行，1910 年生，山东滕州人。自幼随父亲在枣庄路矿谋生，因生活所迫经常与火车打交道，练就了飞登火车的本领，人称“飞毛腿”。抗日战争时期，洪振海在党的领导下，发动枣庄路矿工人组建了一支活跃在山东鲁南的枣庄、临城和微山湖一带，威名远扬的人民抗日武装——鲁南铁道大队即铁道游击队，他是第一任大队长。

1938 年 3 月 18 日，枣庄被日军占领。洪振海和王志胜、刘景松一齐奔向峄县人民抗日武装驻地墓山，正式参加了共产党领导的苏鲁人民抗日义勇总队。他抗日决心大，作战勇敢，很快就被提升为班长、排长，成为这支人民抗日武装的基层骨干。

同年 10 月，受总队长张光中的派遣，洪振海与王志胜一起潜回枣庄火车站西侧的陈庄，建立了枣庄抗日情报站，担任站长，为部队搜集情报。同年 11 月，按照上级“迅速建立抗日武装”的指示，他发动路矿工人建立了一支数十人的秘密抗日武装——枣庄铁道队。这支精悍的队伍在抗日战争最艰苦的烽火岁月里不断发展壮大，到 1940 年上半年，枣庄铁道队已发展为上百人的抗日游击队。后经上级批准，改名为八路军鲁南铁道大队，洪振海任大队长，同时上级派来政委加强领导。

在洪振海等领导下，鲁南铁道大队在敌人严密控制的铁路干线、枣庄矿区和微山湖区，紧紧依靠路矿工人和湖区群众的掩护与帮助，采用灵活机动的战术，活跃在千里铁道线上，神出鬼没地打击敌人，他们扒铁轨、炸桥梁，撞火车、截物资，杀鬼子、惩汉奸，护群众、保家乡，像一把锋利的钢刀，插进敌人的动脉血管和胸膛，打得日伪军晕头转向，不得安宁。

敌人对他们既恨又怕，曾悬以重赏捉拿和进行无数次的搜捕、袭击、

“扫荡”，但都遭到了失败。鲁南铁道大队越战越勇、越战越强，成为一支威名远扬、威震敌胆的抗日英雄部队。他们的英雄事迹多次在抗日根据地的《大众日报》和《鲁南时报》上刊登。著名长篇小说《铁道游击队》，就是以鲁南铁道大队的英雄事迹为素材创作的，小说中的刘洪大队长，就是以洪振海和他的继任者刘金山为原型塑造的。

1941 年 12 月的一个风雪之夜，数百名日伪军对鲁南铁道大队进行偷袭、“扫荡”，洪振海率部与敌人激战，不幸中弹，壮烈牺牲。此时，中共鲁南铁道大队党支部已通过了洪振海的入党申请。洪振海牺牲后，鲁南军区政治部追认洪振海为中国共产党正式党员。

作为“全国爱国主义教育示范基地”的铁道游击队纪念园，每年来此参观接受教育者近 100 万人。纪念园管理处主任赵曰标告诉记者，依托铁道游击队传统红色资源优势，为来自全国各地的党员、干部、群众等提供爱国主义教育、党性教育，在该园已经成为一种常态。

郭陆顺
回民支队的好政委

郭陆顺，1914年出生于湖南浏阳市。1927年春，郭陆顺参加中国共产主义青年团。马日事变后，加入中国共产党，任浏阳市丰裕乡共青团团委书记。全国抗战爆发后，任第120师359旅团政治处主任，参加创建晋西北根据地工作。1940年8月，在冀中军区统一指挥下，积极投入到百团大战。1942年，日、伪军对冀中进行大“扫荡”，临近战斗结束时，郭陆顺被敌流弹击中头部牺牲，时年28岁。

英烈语录

八路军是人民的军队，我们要上下一致，官兵平等，不打人不骂人，对战士的管理要靠说服，靠提高他们的阶级觉悟，大家才能共同抗日。

——郭陆顺

宽阔气派的主干道、人声鼎沸的购物广场、鳞次栉比的商住楼盘、错落有序的企业厂房、往来繁忙的各种车辆……穿行在湖南浏阳市永安镇，宛如置身于一座中等规模的南方县城之中。这里是革命烈士郭陆顺的故乡。

郭陆顺，1914 年出生于湖南浏阳市北盛区丰裕乡（现永安镇）一个农民家庭。1926 年北伐军攻入湖南时，革命运动风起云涌，广大农民在中国共产党的领导下，成立农民协会，组织自卫军。郭陆顺参加了农民协会，担任乡儿童团长。

1927 年春，郭陆顺参加中国共产主义青年团。马日事变后，国民党反动派大批屠杀共产党员和革命群众。郭陆顺毅然加入中国共产党，任浏阳市丰裕乡共青团团委书记。

1929 年冬，郭陆顺参加由张正坤、王震率领的浏阳游击 1 支队，后编入红 6 军团。在湘鄂赣和湘鄂西革命根据地的 5 年中，郭陆顺历任司号员、通讯员、班长、排长、连指导员、营政委。1934 年 10 月，随军转移到湘鄂川黔根据地。1935 年，调到红 2 军团，参加了长征。

全国抗战爆发后，郭陆顺任第 120 师 359 旅团政治处主任，参加创建晋西北根据地工作。1939 年，任八路军第 3 纵队回民支队政治委员，与马本斋一起，率部转战冀中平原，回民支队发展到 2500 余人。他们围景和、打淮镇、攻大城，连续作战 27 次，歼敌 500 余人，不断给日军以沉重打击。在冀中军区召开的第 3 次政工会议上，军区授予回民支队 1 面锦旗，上面绣有“打不烂、拖不垮、攻无不克的铁军”13 个大字。

1940 年 8 月，在冀中军区统一指挥下，郭陆顺和马本斋率回民支队积极投入到百团大战，破击敌人铁路、公路。11 月中旬，回民支队在八路军一部配合下对深泽县城进行围攻，连续激战 4 个昼夜，两度袭入城内，毙伤敌 100 多人。

1941 年初，日本侵略者对冀中地区采取分割封锁、逐步“蚕食”的政策，实行所谓“军事、政治、经济三位一体的总体战”。马本斋、郭陆顺率回民支队在大清河两岸，开展交通破坏战。同年夏，郭陆顺和马本斋奉命率回民支队回师东进。经过一年多的连续作战，马本斋、郭陆顺领导的这支抗日队伍转战整个冀中，有了很大的发展。

1942 年，日、伪军出动 5 万余人对冀中进行大“扫荡”。4 月 27 日，回民支队在献县高官村以东阻击由泊镇向深（县）武（强）饶（阳）增援的敌人，歼敌 300 余人。临近战斗结束时，郭陆顺在阵地前沿用望远镜观察敌情时，被敌流弹击中头部牺牲，时年 28 岁。

郭陆顺牺牲的消息传回回民支队，全体指战员为之恸哭。中华人民共和国成立后，河北省民政厅于 1952 年把郭陆顺的灵柩迁入石家庄“华北军区烈士陵园”，安葬在苍松翠柏丛中。

黄诚

学运领袖　抗战先锋

黄诚，1914 年生于河北安次县（今廊坊安次区）。1936 年 1 月加入中国共产主义青年团，4 月转为中国共产党党员。1938 年春，黄诚参加新四军，在陈毅指挥的一支队工作，不久调到军部，任军政治部秘书处长，协助袁国平等开展部队的思想政治工作。1941 年初，皖南事变爆发，黄诚不幸被捕。1942 年 4 月 23 日，黄诚从容就义，年仅 28 岁。

英烈语录

从事抗战，无愧于心，我绝不因斧钺在前而变初衷！

——黄诚

在河北省廊坊市安次区调河头乡，一位英烈的名字至今被人们传颂。他就是出生于调河头村的黄诚。

黄诚，1914 年生于河北安次县（今廊坊安次区）。1930 年秋入北平第四中学。1932 年毕业后，考入天津北洋工学院预科，1934 年夏考入清华大学地学系。其间，参加“民族武装自卫会”“世界语学会清华分会”等中共地下党领导的爱国进步团体。

1935 年，日本帝国主义制造华北事变，进一步蚕食我领土，中华民族到了最危险的时刻。在中共地下党的领导下，北平各校相继成立了抗日救国会，黄诚当选为清华大学救国会主席。救国会发表《告全国民众书》喊出了华北学生的共同呼声：“华北之大，已经安放不得一张平静的书桌了！”12 月 9 日，“一二·九”运动爆发。黄诚作为清华大学学生请愿游行的领队，带领同学们冲破反动军警的阻挠，以血肉之躯呼唤抗日救国。在抗日救亡运动的洗礼中，黄诚于 1936 年 1 月加入中国共产主义青年团，4 月转为中国共产党党员。

1936 年 9 月，黄诚因担任中共北平学联党团书记，担负起党对北平学联的领导工作。

卢沟桥事变后，黄诚等按党组织的要求，投笔从戎，以全国救国会代表的名义到刘湘部队作抗日救亡的统战工作，在川军中建立了一个秘密的中共特别支部，黄诚担任书记。

1938 年春，黄诚参加新四军，在陈毅指挥的一支队工作，不久调到军部，任军政治部秘书处长，协助袁国平等开展部队的思想政治工作。1941 年初，皖南事变爆发，黄诚不幸被捕，被关押进上饶集中营。国民党顽军公然诬蔑新四军“叛乱”，要他“反省”“自新”。黄诚义正词严地痛斥顽军：“我们新四军是抗日的队伍，几年来转战大江南北，战绩辉煌，有目共睹，我们一不投降日本，二不掠夺百姓，一心只为抗战救国，不惜流血牺牲，这难道有什么罪吗？难道有什么过可悔吗？”面对威胁，他视死如归，“革命是我们的权利，牺牲是我们的义务”“从事抗战，无愧于心，我绝不因斧钺在前而变初衷！”

1942 年 4 月 23 日，黄诚从容就义，年仅 28 岁。

2016 年，安次区在黄诚出生地调河头村建成了黄诚事迹陈列馆。同年，在调河头乡第什里风筝小镇建成红色记忆馆，把黄诚和调河头乡其他红色历史人物的英雄事迹一并陈列入馆，供游客和当地百姓纪念学习。每到清明、七一等节日和纪念日，当地中小学生、乡村干部、党员等都到黄诚事迹陈列馆、红色记忆馆参观学习，接受红色教育。

“伯父牺牲时年仅 28 岁，那年我才 5 岁，但我从小就崇拜英勇抗日的伯父。”黄诚的侄子黄遵宪说，他常去黄诚事迹陈列馆和红色记忆馆为观众讲述黄诚事迹。“这里是英雄的故乡，我们是英雄的后人，有义务把英雄不畏艰险、投身革命的精神传承并发扬光大，化作我们建设美好家园的动力。”

徐宝珊

一门三英烈 声名永流芳

徐宝珊，1908年出生于山东博平（现为茌平）。1937年10月，徐宝珊组建抗日武装。1938年，加入中国共产党。1942年5月中旬，日军为了消灭活动在太行区的八路军总部和第129师领导机关，出动万余兵力，对太行根据地实行“铁壁合围”。25日，徐宝珊在山西省辽县（今左权县）麻田地区突围战斗中牺牲，时年34岁。

英烈挽歌

一门三烈士，兄前仆，弟后继，抗战救国，堪同杨门媲美；七子尽英豪，屋俱焚，财充饷，毁家纾难，可与子文齐芳！

——挽联

在鲁西北平原蜿蜒的徒骇河畔，静卧着三位英烈的陵墓，这就是徐河口三英烈士墓。三英烈士墓位于山东省聊城市茌平县胡屯镇徐河口村西南1公里处，是为纪念在抗日战争中牺牲的徐宝珊和徐宝璧、徐宝珍三兄弟而建。

徐宝珊，1908年出生于山东博平（现为茌平）。他是家中兄长，下有六个弟弟和一个妹妹。少时学习勤奋、成绩优秀，后因父亲有病辍学返乡。全国抗战爆发后，博平群众自发组织起来，成立联庄会，徐宝珊被推选为联庄会会长，率领群众积极开展抗日活动。

1937年10月，徐宝珊组建抗日武装。后被编入山东省第6区行政公署专员、保安司令范筑先所部第32支队第2团，徐宝珊任营长。

1938年，徐宝珊加入中国共产党。1939年初，兼任博平县第1届抗日民主政府县长，对外称“博东行署主任”。同年2月，所部扩编为筑先抗日游击纵队第7团，任团长。为解决部队给养和军属困难，毅然决定将家中积存的粮食拿出来充作军粮。

1940年6月，徐宝珊任八路军第129师新编8旅24团团长。所部整编后，即开赴冀南地区。按照冀南军区部署，8月20日，徐宝珊率部投入百团大战。因在百团大战中战功卓著，第24团被授予“模范战斗团”称号。

1941年7月，徐宝珊作为代表出席晋冀鲁豫边区临时参议会第一次会议，会后入中共中央北方局党校学习。1942年5月中旬，日军为了消灭活动在太行区的八路军总部和第129师领导机关，出动万余兵力，对太行根据地实行“铁壁合围”。25日，徐宝珊在山西省辽县（今左权县）麻田地区突围战斗中牺牲，时年 34 岁。

徐宝珊和三弟徐宝璧、五弟徐宝珍三兄弟都牺牲在抗日战争中。1947 年，中共博平县委在徐家河口召开追悼会。有人写了一副挽联寄托对徐家三英烈的缅怀之情：“一门三烈士，兄前仆，弟后继，抗战救国，堪同杨门媲美；七子尽英豪，屋俱焚，财充饷，毁家纾难，可与子文齐芳！”

至今，徐家三英烈的故事还在家乡流传。2015 年，徐河口三英烈士墓也作为抗战遗址、纪念设施被列入山东省省级文物保护单位。当地党政部门、中小学校在清明节、烈士纪念日等，组织纪念活动，牢记先烈遗志。

徐淑之是三烈士的侄子，谈及三位为国壮烈捐躯的伯父时说：“作为革命先烈的后人，虽然没有生与死的考验，依然要高扬理想信念的旗帜，在本职岗位上踏实奉献，将前辈的理想信念融入自己的血液。坚持宣传弘扬英烈事迹和革命精神，传承践行百年家风，为实现中华民族伟大复兴的中国梦添砖加瓦。”

谢翰文

『把自己锻炼成为党的宣传家』

谢翰文，又名汉文，号鸿锡，1904 年出生于耒阳城关的一个富裕家庭。1926 年加入中国共产党。先后任耒阳县苏维埃政府特派员、红 3 军团政治部宣传部部长、抗大政治宣传科科长等职。1942 年 5 月被日军秘密杀害，时年 39 岁。

英烈语录

深刻研究马列主义原则，不断地创造新的宣传方式与方法，把自己锻炼成为党的宣传家。

——谢翰文

位于湘南地区的革命老区耒阳市，每年会举办数场“红色故事进校园”活动。牺牲在抗日前线的八路军高级将领——谢翰文的革命故事，总是让孩子们“很喜欢、很感动”，有的听得热泪盈眶。

谢翰文，又名汉文，号鸿锡，1904 年出生于耒阳城关的一个富裕家庭。1919 年，谢翰文考入县高等小学。毕业后又以优异成绩考入衡阳新民中学。读书期间，他积极阅读进步书刊，逐渐萌生了“改造社会”的理想。1925 年，谢翰文从新民中学毕业返乡，立即投身于耒阳的革命活动，参加了共青团组织。1926 年加入中国共产党。

1927 年 5 月，长沙发生“马日事变”。谢翰文只身潜入衡耒边界的桐子山地区，开展秘密革命活动。1928 年 2 月，朱德率工农革命军第一师攻占耒阳县城。谢翰文被任命为耒阳县苏维埃政府特派员，负责领导桐子山地区农民起义的武装斗争。3 月，他随朱德向井冈山转移，不久被调到红 4 军第 28 团任书记官。

1929 年后，谢翰文任红 5 军第 4 纵队党代表、红 3 军团秘书长、第 3 师政治委员、红 3 军团政治部宣传部部长，参加了中央革命根据地第一次至第五次反“围剿”。1934 年 10 月，参加中央红军主力长征，途中编写了许多行军快板，鼓舞了部队士气。1935 年 9 月，红一方面军胜利到达哈达铺改编为陕甘支队后，谢翰文被调到西北红军大学担任校务处长。1937 年 1 月，西北红军大学改名为中国人民抗日军政大学。他被任命为学员 13 队队长，后又调校部任政治宣传科科长。

1939 年，庆祝抗大成立 3 周年时，谢翰文负责举办的“抗大成绩展览会”，共陈列出3000多种展品，得到毛泽东、朱德等中央领导同志的好评。同年，他被评选为全校先进政治工作者。

1941年初，谢翰文任八路军总后勤部政治部主任。1942年5月，日军对华北的冀中、太行、太岳、晋西北等抗日根据地进行拉网大“扫荡”，八路军总部决定实行战略转移。在5月25日的突围中，他和妻子双双被俘。面对日军的严刑拷打，谢翰文坚贞不屈，最后被日军秘密杀害，时年39岁。

在谢翰文牺牲前一年，他离开抗大奔赴前线时，在临别赠言中说：“深刻研究马列主义原则，不断地创造新的宣传方式与方法，把自己锻炼成为党的宣传家。”这也正是他参加革命、奋斗一生的孜孜追求。

耒阳市委史志办主任谢俊清说，谢翰文是一位能文能武的“党的宣传家”，他信仰坚定、坚持真理，有必胜的信念，永远充满革命乐观主义精神，值得新时代的每一个年轻人学习。

左权
愿拼热血卫吾华

左权，1905 年 3 月生，湖南人。1924 年进入黄埔军校一期学习，1925 年加入中国共产党，同年 12 月赴苏联学习。1930 年回国后到中央苏区工作，参加了中央苏区历次反“围剿”作战。全国抗战爆发后，协助朱德、彭德怀指挥八路军开赴华北抗日前线，粉碎日伪军“扫荡”，取得了百团大战、黄崖洞保卫战等战役的胜利。1942 年 5 月，在十字岭战斗中壮烈牺牲，年仅 37 岁。

英烈挽歌

名将以身殉国家，愿拼热血卫吾华。太行浩气传千古，留得清漳吐血花。

——朱德

在湖南醴陵市，有一条“左权路”贯穿城区。每每走在这条路上，人们不禁会想起已牺牲70多年的左权将军。这位中国工农红军和八路军高级指挥员、著名军事家把一生奉献给了祖国，献给了民族解放事业。

左权，1905年3月出身于湖南省醴陵县（今醴陵市）的一个贫苦农民家庭。中学时代参加中共领导的社会研究社，开始接触马克思主义。1924年进入黄埔军校一期学习，是“青年军人联合会”负责人之一。1925年加入中国共产党，后在黄埔军校教导团任排长、连长，参加讨伐军阀陈炯明的两次东征。同年12月赴苏联学习。在苏联期间，先是在莫斯科中山大学学习，1927年转入伏龙芝军事学院深造，1930年回国后到中央苏区工作，先后任中国工农红军学校第1分校教育长、新12军军长。1931年12月奉命参与联络指导国民党军第26路军举行宁都起义。起义部队改编为红五军团后，任红15军政治委员，后任军长兼政治委员。1933年后，任中革军委第一局局长、红一军团参谋长，参加了中央苏区历次反“围剿”作战。

1934年10月，左权参加长征，参与指挥强渡大渡河、攻打腊子口等战斗。1936年，任红一军团代理军团长，率部西征并参与指挥山城堡战役。

全国抗战爆发后，左权任八路军副参谋长、八路军前方总部参谋长，后兼任八路军第二总队司令员，协助朱德、彭德怀指挥八路军开赴华北抗日前线，粉碎日伪军“扫荡”，取得了百团大战、黄崖洞保卫战等战役的胜利，威震敌后。其高超的指挥艺术，严密细致的参谋业务，扎实的工作作风，深受朱、彭的赞扬。1940年秋，协助彭德怀指挥著名的百团大战。1941年11月指挥八路军总部特务团进行黄崖洞保卫战，经8昼夜激战，以较小的代价歼敌千余人，被中央军委称为“‘反扫荡’的模范战斗”。他还“是一个有理论修养同时有实践经验的军事家”，从 1939 年至 1941 年，他撰写了《论坚持华北抗战》《埋伏战术》《袭击战术》《战术问题》《论军事思想的原理》等文章 40 余篇。左权为创建并巩固华北抗日根据地，发展壮大人民抗日武装，为八路军的全面建设，建立了不朽的功勋。

1942 年 5 月，日军对太行抗日根据地实行“铁壁合围”大“扫荡”。25 日，左权在山西辽县麻田附近指挥部队掩护中共中央北方局和八路军总部等机关突围转移时，在十字岭战斗中壮烈牺牲，年仅 37 岁。

左权是八路军在抗日战场上牺牲的最高指挥员，延安和太行山根据地为左权举行追悼会。周恩来称他为“足以为党之模范”，朱德赞誉他是“中国军事界不可多得的人才”，并赋诗悼念：“名将以身殉国家，愿拼热血卫吾华。太行浩气传千古，留得清漳吐血花”。为纪念左权，晋冀鲁豫边区政府决定将辽县改名为左权县。

左权的英雄事迹可歌可泣，舍生取义的革命精神不断激励着后人。除了“左权路”，左权将军纪念碑、左权红军小学……左权家乡醴陵通过各种方式寄托人们对他的无限缅怀。

何云
太行山上的『新闻战士』

何云，原名朱士翘，1905 年生于浙江省绍兴市上虞县朱巷乡（今上虞区永和镇）。1921 年考进杭州师范学校，1930 年赴日本早稻田大学读经济系，1931 年九一八事变发生后，他毅然停学回国，参加抗日救亡工作。1938 年，任《新华日报》国际版编辑、华北分馆管理委员会主任（社长）兼总编辑。1942 年 5 月 28 日，壮烈牺牲，时年 37 岁。

英烈语录

不要把子弹打光了，留下最后的两颗，一颗打我，一颗打你自己，我们不能当俘虏！

——何云

天然清新的田园景致，魅力迷人的山乡风光，苍松翠柏的红色传承，仁义淳厚的乡风民俗……在浙江省绍兴市上虞区永和镇，欣欣向荣的发展景象扑面而来。这片虞东平原沃土田园与四明山余脉山水造化而成的锦绣之地，也是革命英烈何云的故乡。

何云，原名朱士翘，1905 年生于上虞县朱巷乡（今上虞区永和镇）一个贫苦农民家庭。1921 年考进杭州师范学校，毕业后回乡任教，并投身上虞县农民运动之中。1930 年赴日本早稻田大学读经济系，后转入铁道传习所。1931 年九一八事变发生后，他毅然停学回国，参加抗日救亡工作。

1938 年，党中央决定创办《新华日报》，何云被调往汉口参加筹备工作，担任国际版编辑。12 月，《新华日报》华北分馆成立，何云任分馆管理委员会主任（社长）兼总编辑。1939 年元旦，中共中央北方局机关报《新华日报》华北版创刊号诞生。

1940 年 8 月，八路军发动了著名的百团大战。何云随八路军总部和第 129 师刘伯承、邓小平奔赴前线组织战地新闻采访，在火线上编辑、审稿、刻印、发行，以最快的速度把战斗消息传播出去，为鼓舞部队士气，宣传百团大战胜利，发挥了巨大作用。在残酷的对敌斗争中，虽然报馆经常转移，但报纸的出版从未间断。《新华日报》华北版被敌后抗日根据地军民称为“华北人民的聪耳，华北人民的慧眼，华北人民的喉舌”和“华北抗战的向导”。

1942 年 5 月，日军调集重兵，对太行山辽县麻田一带进行“铁壁合围”式的“大扫荡”，企图摧毁八路军总部和《新华日报》华北分馆。何云率领全馆同志坚持工作和战斗。

在危急关头，何云对身边的同志说：“不要把子弹打光了，留下最后的两颗，一颗打我，一颗打你自己，我们不能当俘虏！”5 月 28 日黎明，正在大羊角村山坡上隐蔽的何云，不幸背部中弹负重伤，昏倒在地。当被医护人员抢救醒来时，他的第一句话就是：“我的伤不很严重，快去抢救倒在那边的同志吧！”当医护人员检视完别的伤员再来看他时，他已经牺牲了，时年 37 岁。

何云牺牲后，刘伯承沉痛地说：“实在可惜啊！一武（指左权）一文（指何云），两员大将，为国捐躯了！”新中国成立后，何云烈士的忠骨移至晋冀鲁豫烈士陵园，安葬在左权将军墓的左侧。

永和镇党委书记朱春兰介绍说，在艰苦卓绝、烽火连天的战争年代，作为上虞县抗日民主政府的诞生地，永和镇一度是上虞县抗战的政治中心，同时作为新四军浙东游击纵队的重要活动据点，留下了一大批革命英烈浴火奋战的印记。对此，永和镇将上虞县抗日民主政府旧址改造成“永和馆”，“红色老区”的红色记忆、英烈遗风，仍然照亮着后人奋进的前程。

刘英

『赤心献革命，决然无返顾』

刘英，原名刘声沐，1905 年生于江西瑞金一个贫农家庭。1929 年 4 月参加中国工农红军，同年 9 月加入中国共产党。先后任连政治指导员、营政治委员、团政治处主任、团政治委员。参加了中央苏区历次反“围剿”，身经百战，屡建战功。全国抗战爆发后，历任中共浙江省委书记、中共中央华中局委员、华中局特派员，指导闽浙赣地区革命斗争。1942 年 5 月 18 日于永康方岩马头山麓英勇就义，时年 37 岁。

英烈挽歌

为人民而牺牲，人民就会永远纪念他。

——毛泽东

浙江金华永康方岩马头山麓，松柏挺拔，庄严肃穆，条石铺砌的刘英烈士陵园坐落于此，供人瞻仰，缅怀着浙南游击根据地创建人刘英。

“幼时不知路，今日上坦途。赤心献革命，决然无返顾。”这是刘英在参加革命时写下的一首诗。在艰难困苦的革命斗争中，他以短暂而光辉的一生实践了献身革命的铮铮誓言。

刘英，原名刘声沐，1905 年生于江西瑞金一个贫农家庭。1929 年 4 月参加中国工农红军，同年 9 月加入中国共产党。先后任连政治指导员、营政治委员、团政治处主任、团政治委员。1931 年 12 月任红 5 军团第 15 军 44 师政治委员。1934 年 1 月任红 5 军团 34 师政治部主任，后任红 7 军团政治部主任。参加了中央苏区历次反“围剿”，身经百战，屡建战功。在第一次反“围剿”战斗中，为掩护部队撤退，曾独自抱着一挺机枪断后，直到战友全部撤出战斗。

1934 年 7 月起，刘英任红军北上抗日先遣队政治部主任、红 10 军团第 19 师政治委员、军团军政委员会委员、军团政治部主任，随部转战闽浙皖赣边。1935 年 1 月，红 10 军团在赣东北怀玉山区遭敌重兵包围堵击，大部分指战员捐躯沙场，方志敏受伤被俘。2 月，身负重伤的刘英奉中共中央指示与粟裕率余部组成挺进师，任师政治委员和政治委员会书记，率部进入浙江南部，在国民党统治的腹心地区，先后领导开辟浙西南、浙南游击根据地。刘英曾任中共闽浙边临时省委书记兼闽浙边省军区政治委员。在远离中央、孤悬敌后的险恶环境中，领导闽浙边军民挫败国民党军多次“清剿”，坚持了极其艰苦的三年游击战争。

全国抗战爆发后，刘英历任中共浙江省委书记、中共中央华中局委员、华中局特派员，指导闽浙赣地区革命斗争。他积极开展恢复和发展党组织，宣传和组织抗日救亡，巩固和发展抗日民族统一战线等多项工作，卓有成效，受到各界爱国人士的瞩目。周恩来曾称赞：“在东南战场上，浙江是站在前进的地位，是值得其他各省仿效的。”1942 年 2 月，因叛徒出卖，刘英在温州被国民党反动当局逮捕，在狱中受尽折磨，但他坚贞不屈。同年 5 月 18 日于永康方岩马头山麓英勇就义，时年 37 岁。

毛泽东曾深情地说：刘英“为人民而牺牲，人民就会永远纪念他”。

刘英烈士陵园是浙江省爱国主义教育基地和浙江省国防教育基地。每年的清明节、七一节与节假日，这里扫墓人群络绎不绝。如今，陵园成了瞻仰革命先烈，进行革命传统教育和爱国主义教育的场所。30 岁的青年教师胡啸曾连续多年在清明节赴刘英烈士陵园参与扫墓，“革命者坚定的信念和顽强的意志让人感动，我们更该珍惜当下，珍惜这来之不易的幸福。”胡啸说。

施奇
坚贞、圣洁而崇高的『丹娘』

施奇，1922 年生，浙江平湖人。1938 年 8 月，在皖南泾县参加新四军，被编入军部教导队学习，任班长，并加入中国共产党。1941 年 1 月，突围时不幸被俘，被关进上饶集中营。1942 年 5 月，被敌人活埋于上饶茅家岭，牺牲时年仅 20 岁。她被誉为我军机要战线上坚贞、圣洁而崇高的“丹娘”。

英烈语录

别难过，革命是要付出代价的。这些野兽动摇不了我钢铁般的意志，玷污不了一个共产党员的心。只要我的心还在跳动，就决不停止对敌人的斗争！

——施奇

“……您坚强的背影，顽强的精神，已深深烙在我们的脑海中，永不抹去！永不泯灭……”

每逢清明节，浙江省平湖市的中小学生就会来到施奇烈士的雕像前，庄严地朗诵专门为烈士而作的诗——《永不凋谢的杜鹃花》，寄托对施奇烈士英勇献身和她那坚贞不屈精神的敬佩与深深的怀念之情。

施奇，1922 年生，浙江平湖人。由于家境贫困，14 岁的施奇就进了上海一家缫丝厂做童工。淞沪抗战爆发后，她参加了中国共产党的外围组织中国红十字会煤业救护队，奔赴抗日前线抢救伤员。1938 年 8 月，在皖南泾县参加新四军，被编入军部教导队学习，任班长，并加入中国共产党。学习结业后，被分配到军部速记班，随后被调到军部机要科，担任江北大组组长。

1941 年 1 月，在震惊中外的皖南事变中，施奇镇定地译发电报，保持与党中央的联系。当敌军的包围圈越来越小时，她按上级命令忍痛毁掉电台，烧掉密码。突围时不幸被俘。凶恶的敌人对她百般摧残蹂躏，威逼她自首。施奇在遭受折磨后身患重疾，但面对淫威，坚贞不屈，义正词严地痛斥敌人，拒绝敌人的诱降。敌人恼羞成怒，将她关进上饶集中营。

在皖南事变中被捕的新四军战友们，看到那个朝气蓬勃、健壮美丽的施奇被敌人折磨得奄奄一息，义愤填膺，悲痛万分。施奇对探望她的战友们说：“别难过，革命是要付出代价的。这些野兽动摇不了我钢铁般的意志，玷污不了一个共产党员的心。只要我的心还在跳动，就决不停止对敌人的斗争！”她忍受着巨大的折磨，在狱中写下揭露敌人罪行的文章。

1941 年底，一批战友在秘密准备越狱前夕去看望施奇，她担心自己的病体会拖累战友，深情地对大家说：“不要管我了，你们快走。请转告党组织，虽然我还是个青年党员，经受的锻炼和考验还不够，但我的心，至死也想着党啊！你们出去以后，把我的遭遇告诉大家，要控诉国民党反动派的罪行，为我和千千万万死难的战友报仇！”

1942 年 5 月，施奇被敌人活埋于上饶茅家岭，牺牲时年仅 20 岁。她被誉为我军机要战线上坚贞、圣洁而崇高的“丹娘”。

为了纪念这位从平湖市东湖之畔走出的新四军女英雄，平湖市委、市政府决定建造一尊全身铜像，供后人瞻仰。2007 年 10 月 12 日，施奇烈士的铜像被安放在东湖景区的西南角花坛的中央。

平湖市的干部、群众表示，今天纪念施奇，就是为了珍视历史，缅怀先烈，激励后人，更好地继承和发扬坚忍不拔、英勇不屈的革命英雄主义精神，继承和发扬顾全大局、先人后己的革命献身精神，继承和发扬爱国爱乡、前赴后继的爱国主义精神。

戴安澜
马革裹尸的抗战将军

戴安澜，字衍功，自号海鸥，1904 年 11 月 25 日生于芜湖市所辖无为县练溪乡风和戴村（今无为县昆山乡练溪社区）。1924 年投奔国民革命军。黄埔第 3 期毕业。1926 年参加北伐。1939 年升任国民党第 5 军 200 师师长，12 月参加桂南会战。在昆仑关大战中，戴安澜指挥有方，重伤不下火线，击毙日军旅团长中村正雄少将，取得重大胜利。1942 年 3 月，戴安澜率部赴缅甸参加远征军抗战。在同古保卫战中予敌重创，打出了国威。战斗结束后，戴安澜在撤退过程中遭敌袭击，身负重伤，在缅北距祖国只有 100 多公里之地的茅邦村，壮烈殉国，时年 38 岁。

英烈挽歌

外侮需人御，将军赋采薇。师称机械化，勇夺虎罴威。浴血东瓜守，驱倭棠吉归。沙场竟殒命，壮志也无违。

——毛泽东

在安徽芜湖市风景优美的赭山上，安葬着中国远征军名将戴安澜将军的遗骨。每年清明前来祭扫的人们都会献上鲜花，表达对英雄烈士的敬仰和追思。

戴安澜，字衍功，自号海鸥，1904 年 11 月 25 日生于芜湖市所辖无为县练溪乡风和戴村（今无为县昆山乡练溪社区）。1924 年投奔国民革命军。黄埔第 3 期毕业。1926 年参加北伐。1933 年参加长城抗战。在 1938 年的鲁南会战中，曾率部在中艾山与日军激战 4 昼夜，因战功卓著，升任 89 师副师长。同年 8 月，参加武汉会战。1939 年升任国民党第 5 军 200 师师长，12 月参加桂南会战。在昆仑关大战中，戴安澜指挥有方，重伤不下火线，击毙日军旅团长中村正雄少将，取得重大胜利。

1942 年 3 月，戴安澜率部赴缅甸参加远征军抗战。同古保卫战打响以后，200 师全体官兵坚守阵地，勇猛还击。虽是孤军作战，后援困难，但师长戴安澜决心誓死抵御到底。他在给夫人的信中写道："余此次奉命固守同古，因上面大计未定，后方联络过远，敌人行动又快，现在孤军奋斗，决心全部牺牲，以报国家养育。为国战死，事极光荣。"他带头立下遗嘱：只要还有一兵一卒，亦需坚守到底。如本师长战死，以副师长代之，副师长战死以参谋长代之。参谋长战死，以某某团长代之。全师各级指挥官纷纷效仿，誓与同古共存亡。敌人的猛烈进攻，造成伤亡猛增，掩体被毁。戴安澜指挥将士利用残垣断壁、炸弹坑继续抵抗。他还采取百米决斗术，等攻击的敌人到达 50 米处时，才从战壕里一跃而出，或用手榴弹集中投掷，或用刺刀进行肉搏。同古保卫战历时 12 天，200 师以高昂的斗志与敌鏖战，以牺牲800人的代价，打退了日军20多次冲锋，歼灭敌军4000多人，俘敌400多人，予敌重创，打出了国威。

战斗结束后，戴安澜在撤退过程中遭敌袭击，身负重伤。由于缅北复杂的地形和连绵的阴雨，戴安澜终因缺乏药物医治，伤口化脓溃烂，在缅北距祖国只有100多公里之地的茅邦村，壮烈殉国，时年38岁。

1942年7月31日，戴安澜将军国葬仪式在广西全州香山寺隆重举行，国共两党领导人纷纷书赠挽诗、挽词和挽联。毛泽东题赠了挽词“外侮需人御，将军赋采薇。师称机械化，勇夺虎罴威。浴血东瓜守，驱倭棠吉归。沙场竟殒命，壮志也无违”。周恩来题写了挽词：“黄埔之英，民族之雄。”1943年秋天，戴安澜的灵柩由广西全州迁葬于芜湖故里。1956年9月21日，中华人民共和国内务部追认戴安澜将军为革命烈士。为纪念戴安澜将军，芜湖市人民政府于1979年重新整修墓地，并树立了石碑。

2009年9月10日，在“100位为新中国成立作出突出贡献的英雄模范人物和100位新中国成立以来感动中国人物”评选活动中，戴安澜被评为“100位为新中国成立作出突出贡献的英雄模范人物”。

王凤山

盘肠奋战的抗日将军

王凤山，1906 年出生于五台县东寨村，青年时期，投笔从戎考入北方军校，毕业后进入军界。1937 年，参加平型关战役的茹越口保卫战，先后任第 69 师 203 旅营长、国民革命军陆军第 34 军 218 旅旅长。1942 年 6 月以身殉国，时年 36 岁。

隆冬时节的五台县东寨村，乡亲们并未“猫冬”，人们聚在村委会商量着来年的打算。2016 年整村脱贫后，东寨村每年都有不少新变化，文化活动广场硬化了、引水管道更新了、养牛合作社越来越火红……这里正是英烈王凤山的家乡。

王凤山，1906 年出生于五台县东寨村，自幼家境贫寒，村民喜其聪敏，一起掏钱供他上学，考入太原国民师范学校。青年时期，目睹国家衰败、列强入侵，王凤山投笔从戎考入北方军校，毕业后进入军界。

1937 年，全面抗战爆发。9 月，时任第 69 师 203 旅营长的王凤山参加了平型关战役的茹越口保卫战。在主阵地与相邻阵地相继被日军突破，旅长战死的情况下，王凤山依然不肯撤离，率先冲向敌阵，与日军展开肉搏。最后被警卫强行抱着跳下山崖，因有酸枣丛阻挡，才未有大碍。

1941 年王凤山升任国民革命军陆军第 34 军 218 旅旅长，后转任暂编第 45 师师长，驻守汾河以南的万泉、荣河、河津一带。汾南地区为粮棉产区，日军进入该地区后，大肆掠夺粮食，到处筑碉堡，修据点，挖战壕，架电网。

1942 年 6 月初，日军在汾南地区屡屡受挫，为挽回战局，集中汾南各县日、伪军，形成优势兵力向 34 军围攻。战斗一开始，34 军第 43 师和第 44 师均受重挫，军长王乾元负伤返汾北医治，王凤山临危受命代理军长，率 45 师转战万泉、荣河一带，继续抗敌。

6 月，日军千余人、坦克 7 辆把 45 师师部及第 2 团包围在西张瓮村，王凤山率军坚守阵地，与敌人殊死搏斗。战至午后，敌人又增援 2000 余兵力。

在敌众我寡、兵力悬殊的情况下，王凤山沉着指挥，坚不言退，亲率预备队冲上前线与敌近战。战斗中，王凤山臂部受伤，仍坚持指挥，后腹部连中数弹，肠流腹外。他忍痛抱腹，不下火线，以身殉国，时年 36 岁。

为表彰他的功绩，国民政府追晋王凤山为陆军中将。后来，王凤山的事迹被改编为话剧《盘肠英雄王凤山》，在战区广为上演，鼓舞了抗战军民与日军血战到底的决心。

1986 年，民政部颁发证书，确认王凤山为革命烈士。2014 年 9 月，民政部授予其抗日英烈的荣誉称号。2015 年 9 月 3 日，在纪念抗战胜利 70 周年阅兵仪式上，王凤山之子王述志代表英烈子女接受检阅。

常德善

功勋卓著　业绩永存

常德善，1910年出生，山东峄县人，早年参加西北军。1929年，率西北军一个班参加中国工农红军第三军，同年加入中国共产党，历任红军营长、团长等职。在长征中抢渡金沙江时，立下战功。长征到陕北后，任红军第二方面军第二军六师参谋长。1937年全面抗战爆发后，先后任八路军第120师挺进支队队长、冀中军区第三军分区司令员、第八军分区司令员。1942年6月，在与日军的激战中身负重伤，壮烈牺牲，时年32岁。

英烈挽歌

功勋卓著，业绩永存。

——贺龙

在河北冀中烈士陵园纪念馆内，坐落着一尊由我国著名雕塑大师刘开渠亲手雕塑的大理石名人像——冀中军区第八军分区司令员常德善。他牺牲于冀中最残酷的“五一大扫荡”抗日战场上。

常德善，1910年出生，山东峄县人，早年参加西北军。1929年，率西北军一个班参加中国工农红军第三军，同年加入中国共产党，历任红军营长、团长等职。在长征中抢渡金沙江时，常德善率领部队与敌人昼夜血战，掩护主力胜利渡江，立下战功。长征到陕北后，常德善任红军第二方面军第二军六师参谋长。

1937年全面抗战爆发后，9月初，常德善任八路军第120师挺进支队队长，率部向华北抗日前线挺进。1938年随部开赴晋西北抗日前线，同年底挺进冀中地区，与第120师大清河南部队和冀中子弟兵相配合，取得大曹村阻击战、曹家庄伏击战、邢家庄截击战等多次胜利，给日军以沉重打击。特别是著名的河间齐会战斗，歼灭日军700多人，创造了平原作战的光辉战例。

1939年秋，常德善任冀中军区第三军分区司令员。1940年6月，晋察冀军区所辖各军区统一编序，冀中军区第三军分区改为第八军分区，常德善任第八军分区司令员。

当时正值敌人对抗日根据地加紧进行分片“扫荡”。常德善指挥第八军分区所属部队，主动开展反“扫荡”、反“蚕食”斗争，多次打退敌人进攻，保卫了抗日根据地。同时，对冀中新成立的部队进行整训工作，使之向正规化发展。

1942年春，日伪军5万余人对冀中抗日根据地发动“大扫荡”，企图将冀中领导机关和主要部队压缩到饶阳、武强、安平、深县地区。常德善率领冀中第八军分区部队巧妙与敌周旋，不断打击敌人。

1942 年 6 月 8 日拂晓，第八军分区部队到达河间肃宁公路南的薛村宿营。当时的部署是：日寇合围路南，部队就到路北向外转移；如果敌人合围路北，部队就在路南待机歼敌。

然而，肃宁、献县、饶阳之敌蜂拥而至薛村，与常德善等人率领的部队相遇。战斗打响后，常德善当即指挥部队从薛村向北突围，但由于地形开阔，无处隐蔽、无险可据，日军从两侧迂回拦击，常德善沉着指挥，英勇顽强地与敌作战，但队伍几经冲杀，未能突围出去。激战中常德善身负重伤，壮烈牺牲。

1952 年，常德善遗骨于石家庄华北军区烈士陵园安葬。1962 年 10 月，河北省军区为其建立纪念碑，贺龙元帅亲自撰写碑文，赞誉常德善“功勋卓著，业绩永存”。

如今在枣庄市驿城区，当地政府自 2009 年开始建起了榴园塔山烈士陵园、阴平烈士陵园和峨山军魂园三处烈士陵园，以褒扬先烈，教育后人。每年清明节、烈士纪念日，烈士陵园内会开展公祭烈士活动，让市民表达对革命烈士无限的怀念和敬仰，寄托哀思，铭记革命先烈英雄事迹。

汪德祥
以身殉职的红军飞行员

汪德祥，1916 年出生于安徽省六安县金家寨，1933 年加入中国共产党。先后担任传令兵、班长、总部译电员，追随部队转战南北。1938 年被编入飞行班，表现优异。1942年6月，飞行训练时发生意外，以身殉职，年仅26岁。

在安徽金寨县革命博物馆，收藏着11000余名烈士的姓名，汪德祥就是其中一位。

汪德祥，1916年出生于安徽省六安县金家寨一个贫苦农民家庭。他早年丧父，与寡母相依为命，过着饥寒交迫的苦难生活。1931年11月，中华苏维埃中央临时政府成立，红军在皖西六安、霍山一带开展土地革命，汪德祥积极参加打土豪分田地，在革命斗争中锻炼成长，当年加入了青年团，这年他刚满15岁。同年，他说服母亲参加了红四方面军，并于1933年光荣地加入了中国共产党。

他先后担任传令兵、班长、总部译电员，追随部队转战南北。长征中，不到20岁的汪德祥跟随红四方面军翻雪山过草地，忍受着饥饿寒冷，英勇前进。1936年长征胜利会师后，汪德祥又随西路军总部直属队转战河西走廊，与军阀马步芳部队展开浴血奋战。

1937年4月底，西路军左支队历尽艰险到达星星峡，得到中共中央代表陈云、滕代远的接应，进入新疆。在陈云的倡议和组织下，我党利用苏联援助盛世才的军事装备和技术，以迪化为训练军事部的重要基地，兴办我军多兵种多学科的军事技术学校。1938年3月3日，航空队举行开学典礼，汪德祥等25名青年学员被编入飞行班。汪德祥与战友们进入航空队之后，就投入到紧张的航空基础理论和飞机操纵、领航、仪表、气象等专业知识的学习，随后进入了单机飞行训练。无论是理论学习还是飞行实习，汪德祥的成绩总是遥遥领先。

1942年6月9日清晨，他驾驶一架双翼战斗机升向3000米高空，开始了高难技术飞行训练。平时，他对飞行技术精益求精，严格要求自己，从不马虎。这天，当他做完大小坡度的盘旋急转弯之后，开始翻滚表演，第一次做得不够理想，于是又进行了第二次特技训练。突然发生意外，飞机旋转速度出现了异常，刹那间飞机由翻滚变成了螺旋下降。为了保住飞机，汪德祥放弃了跳伞逃生的机会，以身殉职，年仅26岁。

黄君珏
奋战到生命最后一刻的太行女杰

黄君珏，原名黄维祐，1912 年生，湖南湘潭人。1927 年加入共产主义青年团，在长沙从事妇女工作，后就读于复旦大学经济系。1930 年加入中国共产党，曾参加远东情报局的工作。1935—1937 年，由于叛徒出卖，不幸被捕，后被保释出狱。1939 年，被派到太行根据地工作。1942 年 5 月，在日军残酷的“大扫荡”中，被日军包围，壮烈牺牲，这一天正是她 30 岁的生日。

英烈语录

我们决不当俘虏。我有一支枪，三发子弹，起码打死两个鬼子。

——黄君珏

在湖南湘潭市党史馆人物厅内的展壁上，悬挂着革命烈士黄君珏的老照片，照片中的她面容清秀、眼神坚毅。她以身殉国的英勇事迹在家乡依旧广为流传。

黄君珏，原名黄维祐，1912 年生，湖南湘潭人。1927 年加入共产主义青年团，在长沙从事妇女工作。马日事变后，面对严重的白色恐怖，她离开长沙，只身来到上海，转入上海中学学习，继续从事革命工作。后就读于复旦大学经济系。在校期间，她积极参加抗日救国运动，被选为学生会委员，曾组织领导复旦学生到南京请愿和营救被捕学生的运动，1930 年加入中国共产党。

1934 年，黄君珏参加了远东情报局的工作。远东情报局是第三国际派驻上海的秘密情报工作机构，主要搜集国民党政府和日本帝国主义的军事、政治、经济、外交等各种情报。黄君珏机智勇敢，胆大心细，工作很有成效，受到情报局领导人的信任和器重。

1935 年，由于叛徒出卖，该组织受到破坏。黄君珏机警地掩护另外两名同志脱险后，自己却不幸被捕，被判 7 年徒刑。1937 年全国抗战爆发后，国共两党第二次合作，八路军武汉办事处将黄君珏保释出狱。在党组织安排下，黄君珏回长沙开展抗日救亡工作，领导筹办了一所难民妇女工厂。这一工厂成了流亡妇女的避难所，也为抗日救亡做出了贡献。

1939 年，黄君珏被派到太行根据地工作，先后在太行文化教育出版社、华北《新华日报》社任总会计兼管委会秘书主任等职。1942 年华北新华书店成立，兼任审计室主任，为华北新华书店起草制定财务管理制度和经济核算制度。为了便于工作，她将出生才三天的独生子送到老乡家寄养，从此孩子再也没有见过自己的母亲。

1942 年 5 月，日军对太行山根据地发动残酷的“五月大扫荡”。3 万多敌人实行所谓“铁壁合围”战术，用数十架飞机配合，作梳篦式的“扫荡”，妄图消灭太行山根据地。黄君珏和华北新华书店的同志在转移途中与敌遭遇，经过战斗后化整为零，分散隐蔽。

在危急时刻，黄君珏对大家说：“我们决不当俘虏。我有一支枪，三发子弹，起码打死两个鬼子。”6 月 2 日，又有几个同志被日军发现，全部不幸牺牲。黄君珏和两个女同志隐蔽在辽县庄子岭的一个山洞里，被日军包围。狡猾的敌人不敢进洞搜索，却在洞口架柴放火，浓烟顿时弥漫了整个山洞。危急关头，黄君珏毅然冲出洞口，举枪打死两个敌人，然后飞身跳下悬崖，壮烈牺牲，这一天正是她 30 岁的生日。

湘潭市地方史志研究学者何歌劲说：“黄君珏同志以死殉国，宁死不当俘虏，一直战斗到了生命的最后一刻，她是人民的坚强战士，家乡人民的骄傲，她用鲜血书写了‘为有牺牲多壮志，敢教日月换新天’的精神。”

小叶丹与红军歃血为盟的彝族英雄

小叶丹，生于1894年，是四川冕宁彝族果基家支有声望、有影响的首领。1935年5月，为粉碎蒋介石围歼红军于大渡河以南的企图，中共中央决定继续北上，在果基家支的首领小叶丹的帮助下，红军顺利地通过彝区，迅速抢渡大渡河，跳出了国民党军的包围圈。1942年6月18日，小叶丹遭到部族武装伏击不幸身亡。

英烈语录

万一我死了，你们一定要保护好这面红旗，将来交给红军。

——小叶丹

冬日的寒风中，四川省凉山彝族自治州冕宁县彝海镇，有着浓郁民族风情的“结盟新寨”里升起袅袅炊烟。这里有光荣的历史——1935 年 5 月 22 日，长征中的红军与彝族家支首领小叶丹在彝海畔歃血为盟，成为长征途中的传奇一幕。

小叶丹，生于1894年，是四川冕宁彝族果基家支有声望、有影响的首领。

1935 年 5 月，中央红军渡过金沙江，摆脱了优势敌军的追堵拦截。为粉碎蒋介石围歼红军于大渡河以南的企图，中共中央决定继续北上，通过彝族区，抢渡大渡河。当时，从中央红军所在的泸沽到大渡河有两条路：一条是经越西的“官道”大路，另一条是穿过拖乌地区的密林小道。蒋介石判断红军只敢走大路而不敢走小路，在大路上布下重兵围追堵截。毛泽东看破了蒋介石的如意算盘，为了避开强敌尽早过河，决定走小路。

5 月 19 日，中央红军派出以刘伯承为司令员、聂荣臻为政治委员、萧华为群众工作队长的先遣军，准备借道彝民区，抢先渡过大渡河。

5 月 20 日，红军先遣队占领冕宁县后，立即释放了被扣押在城内“坐值换班”的彝族家支人质，并向他们宣传民族平等政策。获释的彝族同胞得到红军发给的食物衣物，回家后当了红军民族政策的宣传员。

“在冕宁待了一天后，先遣队到了大桥镇，老百姓告诉刘伯承，借道拖乌地区需要与果基家支的首领，也就是我爷爷小叶丹交涉。”小叶丹的孙子沈建国说，“随后，一位在冕宁开酒馆的汉人陈志喜自告奋勇来当中间人。”

5 月 22 日，萧华与红军总部工作团团长冯文彬一道，由陈志喜带路，率领红一军团侦察连组成的工作团进入果基家支的领地。

“萧华告诉爷爷，刘伯承表示过，如有必要愿意与他结盟，并向爷爷再次讲了红军的民族政策。爷爷慢慢打消了顾虑，随后他把刘伯承请到彝海边见面。过去国民党把彝族不当人看，爷爷从刘伯承身上看到了尊重，觉得这个人也很可信，与他相见恨晚。”沈建国说。

“上有天，下有地，我刘伯承与小叶丹今天在海子边结义为兄弟，如有反复，天诛地灭。”“我果基约达今日与刘司令员结为兄弟，如有三心二意，同此鸡一样死去。”5月22日，彝海见证了红军长征史上伟大的一幕。结盟仪式按照彝族的风俗进行。虽然没有酒，毕摩（彝族重要仪式主持者）将一只大红公鸡的嘴角剖开，将鸡血滴进了盛着彝海湖水的碗中，二人一饮而尽。

结盟当日晚上，刘伯承将一面写着“中国夷（彝）民红军沽鸡（果基）支队”的红旗赠给了果基约达，并任命他为支队长。次日，小叶丹带红军进入拖乌地区，直到走出家支领地，才依依惜别。而后，红军后续部队也沿着“彝海结盟”这条友谊之路，顺利地通过彝区，迅速抢渡大渡河，跳出了国民党军的包围圈。

红军走后，国民党反动政府对小叶丹与红军结盟进行报复和迫害，逼迫他交出1.2万两白银和120头母羊。但小叶丹宁肯倾家荡产，也不愿交出队旗。他将旗帜珍藏在背篼下特制的夹层里随身携带，还叮嘱妻子：“万一我死了，你们一定要保护好这面红旗，将来交给红军。”

1942年6月18日，小叶丹遭到部族武装伏击不幸身亡。

1950年5月，西康省解放后，小叶丹的妻子遵照丈夫的遗嘱，把“中国夷（彝）民红军沽鸡（果基）支队”队旗献给了政府。如今，这面旗帜被珍藏在中国人民革命军事博物馆。

张友清

甘洒热血在疆场

张友清，1904年出生，陕西神木人。1921年考入太原山西省立第一中学，就读期间开始接触马列主义。1925年考入北平中国大学，年底转为中国共产党党员。曾先后任中共北平市委书记、中共天津市委书记、中共山西省委书记、中共中央北方局统战部部长等。1942年5月，在日军残酷的“大扫荡”中被捕。1942年7月7日，牺牲于太原集中营。

英烈语录

要坚持斗争，要活下去，迎接胜利的到来。

——张友清

在陕西省神木市西五道巷 15 号坐落着一座古朴的清代院落——张氏“能忍堂”，这便是抗日英烈张友清的故居，常常有人慕名前来缅怀这位三次入狱、两度被判死刑的英雄。

张友清，1904 年出生，陕西神木人。1921 年考入太原山西省立第一中学，就读期间开始接触马列主义。1925 年考入北平中国大学，不久，加入共产主义青年团，年底转为中国共产党党员。

1929 年 2 月，张友清任中共北平市委书记。同年 6 月，他在领导全市人力车工人举行“车潮”斗争中被敌探逮捕。1930 年，被判死刑的张友清被营救出狱，是年 10 月调任中共天津市委书记，后又被中共河北省临时省委任命为省委委员。

1931 年 2 月至 7 月，由于白色恐怖严重和叛徒告密，河北省委和天津市委等党的组织受到破坏，一大批党的领导干部先后被捕，张友清也于 1931 年 6 月再次被捕入狱，关押在北平军人反省院（草岚子监狱）。张友清在狱中坚贞不屈，和其他共产党人一起建立了党支部，他担任支部委员，负责青年工作。这次被捕，张友清又一次被判死刑。

1936 年 9 月，张友清经党组织营救出狱。后任中共山西工委书记，积极进行党的组织恢复和发展工作，发动群众开展抗日救亡运动。

1937 年 10 月，张友清任中共山西省委书记。1938 年，中共山西省委改为晋西南区党委，张友清任宣传部长。这期间，他兼任区党委党校副校长，培训大批党员干部，还大力进行统战和武装工作，发展和增强了晋西南区的新军力量。

1939 年，张友清任中共中央北方局统战部部长。1940 年至 1942 年，敌后抗日根据地进入最困难的时期，张友清在北方局主管统战工作，并兼管妇委、青年工作，同时兼任调查研究室主任，有段时间还兼任宣传部长，1942 年 2 月又任八路军前方总部司令部秘书长兼中共中央北方局秘书长。张友清任务繁重，身体瘦弱，常生病，且两条腿因为长期坐监狱、戴铁镣，行走相当困难，在这样的情况下他仍然长期坚持带病工作。

1942 年 5 月，日军对太行根据地进行了残酷的“大扫荡”，北方局机关在转移途中被日军包围，在突围过程中，张友清将自己的马让给一位女同志，在与日军战斗中被捕，被押送到“太原工程队”集中营。

在狱中，张友清受尽敌人摧残。1942 年 7 月 7 日，张友清牺牲于太原集中营。他在生命的最后一刻，仍然鼓励身边的同志“要坚持斗争，要活下去，迎接胜利的到来”。张友清牺牲后，留下一张照片，上面写着一行刚劲的毛笔字：“甘洒热血在疆场”。

“二爷爷是抗日英烈，是民族的脊梁，也是家乡人民的骄傲，我们要将革命先烈的精神代代相传，让红色旗帜更加鲜艳。”张友清的侄孙张永强自豪地说。

林心平
慷慨赴死的秋瑾式女英雄

林心平，原名梁玉。1919年2月出生，浙江平阳人，1936年11月加入中国共产党。1936年8月参加革命，在上海从事地下交通工作。全面抗战爆发后，任八路军驻上海办事处机要秘书。1937年11月赴延安抗日军政大学学习。毕业后，先后在中共中央长江局、中共浙江省金华特委从事统战工作。1939年秋任新四军第一支队文工团副团长。同年冬到溧阳新昌协助开辟新区工作。1941年3月起，林心平任金坛、溧阳、宜兴、武进、丹阳五县抗日联合政府文教科科长。1942年6月不幸被捕，受尽酷刑，坚贞不屈。同年7月，在江苏省金坛县官林小学被日军杀害。

英烈语录

今年打败希特勒，明年打败日寇，抗战一定会胜利，新四军一定会解放你们的！

——林心平

英雄已逝，精神永存。每遇清明节等重要节日，浙江平阳各地学校师生都会走进位于水头镇水头一小的“心平园”，去瞻仰牺牲时年仅 23 岁的抗日女战士——林心平。

来到心平园，只见一排桂花树下立着林心平烈士的铜像，总高 2.3 米，从上至下分为黄铜胸像、青石承台和三级米色花岗岩火烧石底座三部分，底座最下一级前后宽 1919 毫米，左右长 1942 毫米，分别代表林心平出生和牺牲的年份，而总高 2.3 米表明烈士以 23 岁的花季年华献身于抗日战场。

林心平，原名梁玉。1919 年 2 月出生，浙江平阳人，1936 年 11 月加入中国共产党。1936 年 8 月参加革命，在上海从事地下交通工作。全面抗战爆发后，任八路军驻上海办事处机要秘书。1937 年 11 月赴延安抗日军政大学学习。毕业后，先后在中共中央长江局、中共浙江省金华特委从事统战工作。1939 年秋任新四军第一支队文工团副团长。同年冬到溧阳新昌协助开辟新区工作。以办夜校的形式，宣传、发动群众，组织贫农小组、妇抗会、青抗团，并发展党员，建立党支部。

1941 年 3 月起，林心平任金坛、溧阳、宜兴、武进、丹阳五县抗日联合政府文教科科长。同年夏，国民党保安第 9 旅投降日军后，进驻长（荡湖）滆（湖）地区，袭击我抗日部队。为扩大抗日武装，分散敌人兵力，党组织决定由她兼任宜兴县官村区区长，负责开辟长滆东南边区的抗日武装斗争。经数月工作，将张河港大河抗日游击区扩展到滆湖南岸的新桥一带。

1942 年 6 月林心平不幸被捕，受尽酷刑，坚贞不屈。同年 7 月，在江苏省金坛县官林小学被日军杀害。遗体被敌人毁尸灭迹，尸骨无存。

瞻仰烈士遗像，水头一小校长黄象春满怀崇敬之情。他说，林心平烈士是一位秋瑾式的女英雄。她的一生虽然短暂，但异彩绽放，是我们水头的骄傲，是平阳的骄傲，也是中国人的骄傲。她的革命精神，将永远激励着我们不忘初心、砥砺前行！

许亨植

白山黑水间的百战英雄

许亨植，又名李熙山，朝鲜族，东北抗日联军高级指挥员。1909 年出生于朝鲜庆尚北道善山郡。1930 年加入中国共产党。不久后在哈尔滨参加反日大游行，被捕入狱。1931 年九一八事变后，经组织营救出狱，先后任东北反日游击队哈东支队政治指导员、东北人民革命军第 3 军团长、第 3 军新编 3 师师长等。1942 年 8 月，工作后途遇敌人，壮烈牺牲，时年 33 岁。

在黑龙江省绥化市庆安县大罗镇东山村，一块“许亨植牺牲地”的纪念碑肃然挺立。七十多年前，就在离此处不远的青峰岭，抗日英雄许亨植在战斗中壮烈牺牲。青峰岭上，从此伫立着一座不毁不灭的“青峰”。

许亨植，又名李熙山，朝鲜族，东北抗日联军高级指挥员。1909 年出生于朝鲜庆尚北道善山郡。因其父亲参加的朝鲜反抗日本殖民统治的“义兵运动”失败，1913 年举家被迫流亡中国东北，后迁居辽宁开原。1929 年许亨植来到哈尔滨附近的宾县从事革命活动，他自觉接受党的领导，忠实可靠，多次出色完成任务。1930 年加入中国共产党。不久后在哈尔滨参加反日大游行，被捕入狱。

1931 年九一八事变后，许亨植经组织营救出狱，到宾县、汤原、珠河（今尚志）等地发动群众，组织反日游击队。1933 年，许亨植到汤原发动群众，组织反日游击队。他善于做群众工作，经常以普通农民身份和群众一起参加水、旱田生产劳动，还帮忙做帮工、干零活。许亨植和群众建立了密切联系，在群众中扎下了根。

1934 年 6 月，他由地方来到游击队，开始担任东北反日游击队哈东支队政治指导员、第 1 大队大队长，率部参与创建珠河抗日游击区。自 1935 年 1 月起，他先后在东北人民革命军第 3 军任团长、团政治部主任、师政治部主任。他还曾在哈尔滨东部地区指挥高力营子、拉拉屯、五道岗、十八层甸子等战斗，率部参加了 1936 年冬季反“讨伐”作战。1937 年 6 月任东北抗日联军第 9 军政治部主任，在勃利、方正、依兰一带开展抗日游击战。为提高指战员的思想觉悟，增强部队战斗力，他主持开办了 3 期短期训练班，培训了 100 多名骨干，对提高部队军政素质起了重要作用。

1938 年秋，许亨植调任第 3 军新编 3 师师长，对原 3 师和 5 师进行整顿。1939 年任东北抗联第 3 路军总参谋长、第 3 军军长兼第 12 支队政治委员，指挥所部在松嫩平原开展抗日游击战，取得了兰西丰乐镇等战斗的胜利。

1940 年部队遭受严重挫折，但许亨植仍克服重重困难，率小分队坚持战斗。他大力发动群众，建立了许多抗日救国会组织，积蓄了新的抗日力量。1942 年 8 月，许亨植和警卫员到巴 (彦)、木 (兰)、东 (兴) 地区一个小分队检查工作后，途遇敌人，经过两个多小时的激烈战斗，终因敌众我寡，许亨植未能成功突围，壮烈牺牲，时年 33 岁。

英烈虽逝，浩气长存。1998 年 10 月，许亨植烈士牺牲地被黑龙江省庆安县政府公布为爱国主义教育基地。如今每年节假日，都有来自全国各地的游客在纪念碑前瞻仰、祭奠英雄。“烈士们用牺牲换来我们今天生活的幸福，这种不屈、坚韧的奉献精神值得我们永远传承。”中国近现代史史料学会副会长王建学说，“我们纪念和缅怀烈士，同时也要重新回顾历史，为烈士精神植入现代符号，以鼓舞我们不断奋斗。”

吴师孟
白手起家创办兵工厂
积劳成疾不忘支援前线

吴师孟，原名吴初生，1899 年生于湖南省岳阳市。1927 年，加入中国共产党，先后担任敢死队队员，红 5 军第一纵队排长，红 16 军会计科长，新四军第二师军工部部长等，在抗日战争时期，为了保证部队枪支弹药的供给，他在艰苦条件下领导建立兵工厂，造枪造炮供应前线，最终积劳成疾病故，终年 43 岁。

在抗日战争时期，为了保证部队枪支弹药的供给，有一位英雄在艰苦条件下领导建立兵工厂，造枪造炮供应前线，最终积劳成疾病故。他就是时任新四军第二师军工部长吴师孟。

吴师孟，原名吴初生，1899 年生于湖南省岳阳市平江县龙门乡高连村一个农民家庭。由于家里贫困，一直到 15 岁才读私塾。他勤奋学习，深得私塾先生喜欢，但由于父亲生病、家境再度陷入贫困，读了一年半私塾之后，不得不辍学。

1927 年，吴师孟参加了由黄九区农会会长、共产党员吴钦民组织的农民自卫队，同年由吴钦民介绍加入了中国共产党。1928 年 2 月，“湖南工农革命军平（江）湘（阴）岳（阳）游击总队”成立，吴师孟被编入五大队担任班长。3 月，吴师孟自告奋勇担任敢死队队员，参加“三月扑城”的战斗。6 月，“平湘岳游击总队”改编为“平江工农革命军游击司令部”，吴师孟在二营四连担任排长。

平江起义后，吴师孟被编入红 5 军第一纵队担任排长。1930 年，红 5 军回师湘鄂赣边区，帮助重建平江革命武装，编入湘鄂赣独立师。不久，独立师改编为红 16 军，吴师孟任红 16 军会计科长，后又被提升为军经理处处长。任务虽然繁重，但他每个月都很好地完成账务工作，物资分发及时到位，多次受到军首长的表扬。

1933 年 4 月，红 16 军在攻打万载株木桥时，吴师孟因掩护辎重物资转移，不幸负伤被俘。他忍受敌人的严刑拷打，后被组织营救出狱，在鄂赣边坚持游击战斗。

1938 年 1 月，新四军军部在南昌成立，决定把湘鄂赣人民抗日游击队改编为国民革命军陆军新编第四军第一支队第一团，吴师孟担任该团军需主任，奉命举办军需训练班，一共办了 6 期，培养了一大批军需人才。1939 年春，吴师孟任新四军第一支队军需主任。当时物资、经费异常缺乏，他精打细算，节流开源，保证了部队物资经费的正常供应。

1941 年 1 月 4 日，新四军皖南部队 9000 多人行至泾县时，被国民党军队围困。连日紧张战斗后，部队所带干粮吃完，战士们两三天粒米未进。吴师孟主动请缨，带了几名战士突破敌人的重重封锁，每个人背了一大包牛肉回来，补充了战士们的体力。经过浴血战斗，吴师孟和极少数战友突破敌人的重重包围，到达江北抗日根据地。

皖南事变发生后不久，新四军第二师建立军工部，吴师孟调任军工部部长。9 月，吴师孟率军工模范吴运铎等到达淮南，在高邮县金沟区平安乡（现属江苏省金湖县）白手起家，筹建兵工厂，由吴运铎任厂长。没有原料，他们就到乡下收集木炭、废铜烂铁、刮土硝等，没有厂房，他们就利用老百姓的房子，终于建立了一个拥有 150 多名工人的兵工厂，开始制造子弹、手榴弹、迫击炮弹。月产子弹 2500 发，手榴弹 600 枚，迫击炮弹 66 发，保证了部队枪支弹药的及时补充，有力地打击了日本侵略者。为此，吴师孟、吴运铎受到中央军委和军部的嘉奖。

由于多年辛劳奔波，吴师孟积劳成疾，得了严重的肺病，不幸于 1942 年 8 月在江苏淮阴地区盱眙县病故，终年 43 岁。新四军二师特地开追悼会，由新四军副军长张云逸致悼词，高度评价了吴师孟为抗日救国所做的巨大贡献。

孔庆同
坚持平原游击战的抗日英雄

孔庆同，1912 年出生，河南光山人，1927 年参加农民赤卫队，1928 年加入中国共产党，先后任冀东抗日联军第 4 总队总队长、冀中第 8 军分区司令员。1942 年 10 月，在与日伪军的战斗中，中弹牺牲，年仅 30 岁。

在华北军区烈士陵园里，一位抗日英雄长眠于青松翠柏之中，他就是冀中第 8 军分区司令员孔庆同。在华北军区烈士陵园管理处工作 16 年的史料室副主任娄月说：“孔庆同烈士牺牲小家，顾全大局，在民族危亡时刻挺身而出，进行艰苦斗争，他的英雄事迹和爱国精神值得每一个人学习。”

孔庆同，1912 年出生，河南光山人，1928 年加入中国共产党。1927 年春，光山县建立中共地下党组织，成立了农民协会，年仅 15 岁的孔庆同参加了农民赤卫队。不久，共产党领导的这支农民武装改编为中国工农红军第 25 军，孔庆同任司号员。

1934 年 11 月，红 25 军遵照中央指示，退出鄂豫皖根据地，进行战略转移。抵达陕北时，孔庆同已经成长为红军营长。

1937 年，孔庆同作为年轻的指挥员，离开延安，到天津中共中央北方局工作。他在冀东丰润县腰带山一带组织党员和农民自卫会，成立冀东第一支抗日武装队伍，任冀东抗日联军第 1 支队支队长。1938 年，第 1 支队扩编为冀东抗日联军第 4 总队，他任总队长，率部打击丰润、遵化两县的日、伪军。

1938 年 7 月 8 日，遵化伪军保安队出动 130 多人扑向铁厂。孔庆同闻讯后立即带队抢先到铁厂北边的玉皇庙迎敌，经过约两个小时的激战，将伪军全部打垮，俘获 80 余人，缴枪 80 余支，战马 35 匹，给遵化的日伪军以沉重打击。7 月 9 日，孔庆同等又率部出击，兵不血刃拿下了兴城镇。他通过强大的政治攻势，促使伪满警察所长王生存带手下 40 余人反正。随后，抗联 4 总队再接再厉，平息丰润王官营一带的民团叛乱，扩大抗日影响。当地群众纷纷加入抗日队伍，仅王官营就有 500 多人参加抗联。4 总队在短短几天里就由 400 多人发展到 4000 多人，改编为冀东抗日联军第 1 梯队，辖 4 个总队，孔庆同任梯队长。

1939 年，孔庆同到中共中央晋察冀分局党校学习。1940 年从党校学习毕业，到冀中第 8 军分区任副司令员。在保定一带坚持平原游击战，后任第 8 军分区司令员。

1942 年秋天，冀中第 8 军分区党委召开紧急会议，传达彭德怀关于“以武装斗争为主，坚持平原游击战争”的指示。10 月 20 日，孔庆同带领一个手枪班赶到河间县左庄，对河间县开展抗日斗争作了指示。由于汉奸通风报信，第二天拂晓，部队驻地被数倍于己的日伪军包围。在战斗中，孔庆同中弹牺牲，年仅 30 岁。

2014 年，民政部公布第一批 300 名著名抗日英烈和英雄群体名录，孔庆同名列其中。每年清明节，孔庆同烈士的孙女孔凤霞都会到华北军区烈士陵园为祖父扫墓。2015 年，孔凤霞曾陪父亲孔久龄到河南省光山县寻亲。“我到光山寻亲，发现革命老区的红色教育没丢，让我最感动的是，时隔多年，故乡的乡亲们没有忘记爷爷。”孔凤霞说，“现在我也有孙辈了，我就教育自己的孩子，爷爷传下来的精神一定不能丢。”

马石山十勇士
舍身相救上千群众

1942年11月，敌后抗战处在最困难时期，日军对山东抗日根据地频繁“扫荡”。数千名群众和八路军数支小分队被围困于马石山区。八路军胶东军区5旅13团7连6班王殿元、赵亭茂、王文礼、李贵、杨德培、李武斋、宫子藩和三位没有留下姓名的战士，在没有上级命令的情况下，三次闯入日寇包围圈，帮助群众突围。为了给群众争取更多的转移时间，十位勇士吸引敌人火力，全部壮烈牺牲。图为山东乳山马石山十勇士纪念馆里的十勇士雕像。

走进山东乳山马石山十勇士纪念馆，迎面可见10名战士的雕像，他们手持长枪、身背大刀，眼神坚毅，诉说着党和军队以命相救、与人民群众生死与共的英雄壮举。

1942年，敌后抗战处在最困难时期，日军对山东抗日根据地频繁“扫荡”。11月8日，冈村宁次亲抵烟台部署，不久出动日伪军20000人，以26艘舰艇、10架飞机配合，对胶东抗日根据地进行拉网合围式大“扫荡”，妄图一举消灭胶东八路军主力和党政军机关。大“扫荡”历时40多天，马石山是一个重要的合围点。

当时，胶东军区主力部队和地方武装只有1.4万人，从兵力、装备对比上明显处于劣势。马石山附近的党政军机关、兵工厂、医院和数千名群众，巧妙地突破包围圈，大部分突围出去。丧心病狂的日军便把魔爪伸向手无寸铁的群众，制造了惨绝人寰的“马石山惨案”。

11月23日傍晚，数千名群众和八路军数支小分队被围困于马石山区。日军在山下燃起层层火堆，密布岗哨。八路军胶东军区5旅13团7连6班10名战士，执行完任务路过马石山，看到群众身陷绝境，在没有上级命令的情况下，毅然决定留下来帮助群众突围。

那天傍晚，班长王殿元先与部分群众研究突围路线，并安慰群众不要惊恐、听从指挥。经过侦察，他们决定利用敌人包围圈大、兵力较疏且敌明我暗、我军善于夜行等有利条件实行突围。深夜，王殿元和战士们把第一批群众分成两队，顺着山沟向预定突围的沟口转移。趁火堆旁的日伪军人困马乏，王殿元带领3名战士悄悄干掉哨兵，扑灭火堆，护送200多名群众顺利突围。

第二次进入日寇包围圈，十勇士又找到海阳县100多名群众。当得知还有大批群众被困后，王殿元决定把9名战士分成3组，自己带一组战士，打通一处新的突破口，引导海阳县群众就近跳出包围圈；另两组战士收拢零散群众，把他们从突破口送出后，再次返回，继续解救被困群众。

第三次闯入日寇包围圈后，东方天空已经发白，敌人发现异常后，立刻鸣枪赶来。一名战士不幸牺牲，王殿元、王文礼受了伤，敌人也被暂时打退。正准备撤离时，听说还有百姓被围困在西南山沟，王殿元带着8名战士毫不犹豫奔了过去。此时，山下布满了密密麻麻的日伪军，四处不时响起枪炮声。战士们带领群众沿小山沟转移，突然与20多个鬼子迎面遭遇，战士们的子弹已所剩无几，身体也极度疲惫，但为了给群众争取更多的转移时间，几名战士仍端起刺刀向相反的方向吸引敌人火力，且战且退，最终登上了马石山峰顶。

24日上午，他们依托几处天然岩石顽强战斗，打退了日伪军多次进攻，几名战士牺牲。最后，王殿元和两名战士抱在一起拉响了最后一颗手榴弹，与冲上来的敌人同归于尽。

人民永远不会忘记他们的名字：王殿元、赵亭茂、王文礼、李贵、杨德培、李武斋、宫子藩，还有三位战士没有留下姓名。

1972年，乳山县在马石山主峰修建烈士陵园，建起“抗日烈士纪念堂”。2015年8月15日，威海马石山红色教育基地揭牌并正式对外开放，成为胶东（威海）党性教育基地的重要教学点，年接待参观团队600余批次、参观人员近20万人次。2015年，“马石山十勇士”旗帜作为抗战胜利70周年大阅兵第一个英模方队的旗帜，在天安门前接受了祖国和人民的检阅。